Les dessous peu appétissants de la

cuisine moléculaire

Éditions Favre SA
Siège social
29, rue de Bourg – CH-1002 Lausanne
Tél. : +41 (0)21 312 17 17 – Fax : +41 (0)21 320 50 59
lausanne@editionsfavre.com

Bureau de Paris
12, rue Duguay-Trouin – F-75006 Paris
Tél. : +33 (0)1 42 22 01 90
paris@editionsfavre.com

Dépôt légal en Suisse en septembre 2009

Couverture : MGraphic, J.-P. Piantanida
Mise en pages : Marie-Hélène Marquis

ISBN : 978-2-8289-1105-8

Jörg Zipprick

Les dessous peu appétissants de la

cuisine moléculaire

FAVRE

Préface du Dr Michel Chast

Se retrouver à table pour satisfaire sa gourmandise, au delà du besoin de s'alimenter, est une vraie joie et sûrement le premier et le meilleur traitement du mieux-être. En ces temps de pénurie sociale, la table peut être un lieu de plaisir pour les sens et pour l'esprit. Le bonheur est-il pour autant dans l'assiette ?

Le feu ne se borne pas à cuire, écrivait Gaston Bachelard, il croustille, il dore la galette, il matérialise la fête des hommes. Aussi loin que l'on puisse remonter dans le temps, la dimension gastronomique prime la valeur alimentaire. La conquête du superflu provoque une excitation plus grande que la conquête du nécessaire. L'être humain est une création du désir et non du besoin.

Aux origines de la cuisine occidentale, Archestrate, le poète grec, Apicius, le cuisinier romain, s'accordaient avec Hippocrate, le médecin, qui dans son discours sur l'hygiène de vie et de table a défini la dieta, un mot grec qualifiant l'art de vivre, devenu aujourd'hui diététique.

Brillat-Savarin a interprété cette conception antique dans un aphorisme célèbre, « Les animaux se repaissent, l'homme mange, l'homme d'esprit seul sait manger », précisant ainsi la dimension culturelle de la gastronomie, qui, au-delà de l'alimentaire et du culinaire, n'est ni la « bonne » ni la « haute » cuisine, mais la mise en règles du manger et du boire, c'est-à-dire l'art de la table et la convivialité. La gastronomie, autrefois privilège de l'aristocratie, est ainsi mise à la portée de tous lorsqu'elle s'appuie sur la raison, l'hygiène, le bon sens et le bon goût .

Il existe aujourd'hui une prise de conscience mondiale sur le fait que l'homme anéantit sa propre planète : les pollutions nous détruisent comme elles détruisent la terre. En préservant notre environnement, c'est la santé de chacun que nous protégeons. L'écologie est devenue une préoccupation majeure. Les anciens savaient que la qualité de l'alimentation était la garantie d'une meilleure santé, parce que les aliments ont des vertus thérapeutiques. Le botaniste Linné traitait ses crises de goutte en faisant des cures de fraises.

Malgré cela, quelques chefs, s'appuyant sur des recherches effectuées par un laboratoire de chimie et financées par la Communauté européenne et l'industrie agroalimentaire ont crée une cuisine d'avant-garde, désignée sous le vocable obscur de « cuisine moléculaire ». Ils emploient des additifs alimentaires pour créer des saveurs artificielles. Leurs recettes inspirent une cuisine conceptuelle qui prétend faire table rase de toute transmission : spaghettis de gélatine, rubans d'huile d'olive, utilisation intempestive d'azote liquide et de produits, dont certains sont inassimilables par le corps humain.

Ces cuisiniers – faut-il les appeler ainsi ? –, véritables apprentis sorciers, ont-ils le droit de ne pas tenir compte de la santé des consommateurs ? Si l'on peut déterminer les répercussions d'un additif alimentaire sur les différents organes, il paraît beaucoup plus aléatoire de mesurer les conséquences du mélange de plusieurs de ces produits sur le système digestif à court et à long terme. La lumière n'a pas vraiment été faite sur les raisons pour lesquelles un célèbre restaurant «moléculaire» a fermé momentanément ses portes en 2009, à la suite d'une série alarmante d'intoxications alimentaires chez ses clients

Il a fallu beaucoup de courage et d'opiniâtreté à Jörg Zipprick pour mener l'enquête qu'il propose aujourd'hui. Au-delà de la mise en lumière brutale des pratique qu'elle révèle, misons sur une poétique de la rêverie alimentaire qui ne serait pas la même sans les cuisiniers ni les écrivains de la gastronomie. La vie serait-elle la même sans les poètes? Il n'y a aucune poésie de la molécule.

Le Dr Michel Chast est médecin généraliste à Paris. Il se passionne pour les médecines douces, en mettant l'accent sur la prévention, la diététique et la personnalité de ses patients. Il est l'auteur de plusieurs ouvrages, notamment :

· *Les Régimes Gourmands*, Raymond Oliver et Michel Chast, Albin Michel, 1978.

· *Soigner l'Homme, soigner la Terre*, Yves Paccalet et Michel Chast, J.-C. Lattès, 2003.

Préface de Rocco Iannone

Cher lecteur,

On dit souvent que le cuisinier qui mise sur le produit est vieux et donc forcement dépassé, pendant que le chef jeune se passe du produit et mise sur la chimie alimentaire. Il fait de la « cuisine moléculaire », il veut un « labo » et il aimerait troquer sa veste blanche de cuisinier contre la veste blanche du chimiste. Quant à moi, j'ai trente-trois ans, je suis fier de travailler dans ma cuisine, je suis fier de ne pas avoir recours aux additifs et je suis fier de mes produits, même si le travail de les sélectionner me fait parcourir de nombreux kilomètres.

Un jour, il y a deux ans environ, j'ai rencontré Jörg Zipprick, l'auteur de ce livre. On a pris ma vieille Ford Mondeo pour aller rendre visite à mon poissonnier. Une petite poissonnerie à cent quatre-vingts kilomètres de mon restaurant. On a du temps pour bavarder quand on fait trois cent soixante kilomètres sur les routes de la campagne italienne. Jörg m'a raconté sa passion pour la gastronomie. Il avait connu Alain Chapel, Joël Robuchon au Jamin, le jeune Alain Ducasse qui se cachait encore derrière une barbe épaisse. Il me regardait avec attention quand j'ai choisi mon poisson et posait de nombreuses questions à mon fournisseur, dans un mélange d'anglais, français et italien pleins de fautes. C'est son travail de journaliste. Mais moi, cuisinier, je le regardais avec autant d'attention: sait-il distinguer le produit moyen du bon produit ? Et, encore plus important: aime-t-il le produit ? Ou a-t-il peur de la matière brute, des écailles de poisson ? Les réponses c'est oui, encore oui, et non. Au retour, il me racontait qu'il s'inquiète pour le monde gastronomique, que les chefs à la mode servent plus d'additifs que l'industrie alimentaire, que les bons produits sont rares et personne ne veut le payer. Il me racontait les dosages de chimie dans certains plats. Je le savais car même si la plupart des chefs ne vous en parleront pas, quand on est du métier on connaît les produits qui circulent en cuisine. Pour moi, le « moléculaire » cimente le divorce entre l'homme et la nature. Autrefois, le chef avait pour tâche de sélectionner le meilleur de la nature. Aujourd'hui, pour être à la mode, il faut mélanger des poudres d'additifs.

Je me suis donc prononcé contre la cuisine moléculaire dans l'émission italienne Striscia la notizia. *Bien mal m'en a pris: des confrères m'ont insulté, certains directeurs de guides gastronomiques m'ont appellé pour me dire qu'ils allaient boycotter mon restaurant: « Tu n'as pas l'argent pour payer mon salaire, je continue donc à travailler pour une multinationale et je ne viendrai plus jamais manger au Pappacarbone ». C'était les mots d'un d'entre eux. Une partie de la chronique gastronomique a idôlatré des « chefs de cuisine » qui, le plus souvent, n'ont jamais vu une poêle et n'ont jamais connu les vrais produits. Ces chefs savent en revanche s'occuper de grosses affaires avec l'industrie chimique. En sport, jamais un arbitre ne devrait jouer avec les joueurs. Mais dans la gastronomie, certains cuisiniers et certains critiques sont littéralement en affaires ensemble, au détriment du client. Le marketing est en train de détruire la cuisine en la rendant totalement commerciale. Les grands restaurants d'aujourd'hui sont bien souvent simplement un cadre pour transformer des produits de supermarchés. L'achat, le marché, le rapport avec le producteur, le savoir sur le produit, tout cela n'intéresse presque personne puisque tout cela ne génère pas d'argent. L'âme et le plaisir ne font plus partie du métier du cuisinier qui devrait pourtant s'émouvoir devant le produit authentique. Quand on respecte son produit, on n'a pas besoin de le « déconstruire », car déconstruire veut dire détruire.*

Les règles élémentaires de la cuisine sont aujourd'hui violées tous les jours par les adeptes du moléculaire, une caste qui est en train de tuer la vraie cuisine.

Les vraies valeurs de la cuisine – et accessoirement de la vie – sont piétinées par un système corrompu où la façon de travailler des « meilleurs cuisiniers » ressemble de plus en plus à une usine alimentaire d'il y a trente ans.

Pour les amateurs de la vraie cuisine, voici donc le moment de serrer les dents. Ce livre vous aidera à tourner la « page moléculaire ».

Rocco Iannone, 33 ans, est chef au restaurant Pappacarbone dans le village italien de Cava de Tirreni. Il a appris son métier dans quelques-uns des meilleurs restaurants d'Europe tels que Le Louis XV – Alain Ducasse, à Monaco, San Domenico, à Imola, ou Don Alfonso, à Sainte-Agathe sur les Deux Golfes en Italie.

Avant-propos

Tout a commencé en été 1999. Au programme à midi, un déjeuner à El Bulli. La joie que je m'en faisais méritait bien que je me lève tôt.

Un accident de circulation près de Narbonne a failli flanquer ce projet par terre. Deux heures de bouchon ! Heureusement qu'on mange tard en Espagne. Rosas est une petite station balnéaire pas vraiment luxueuse. En été 1999, on y vendait de gros dinosaures en caoutchouc à côté de la route principale. Les nids-de-poule de la rue qui mène à l'établissement pourraient engloutir une Smart. Je m'attable enfin en terrasse. *El Bulli*. Le bouledogue. Celui-là est un chien qui aboie fort et aime mordre, mais je ne le savais pas encore. Un monsieur vêtu de noir me demande si je mange de tout. « De tout, sauf du glutamate de monosodium », lui répliqué-je. Le glutamate, également appelé GMS, est l'exhausteur de goût des restaurants chinois, un *flavor-powder* pas cher que l'on vend en grands sacs. D'habitude cette réponse amuse le cuisinier. « Du glutamate ? Pas dans ma cuisine, voyons ! » me répond-on. À El Bulli, personne n'a ri.

Trente-cinq minutes plus tard, on m'annonce ce que l'on peut me servir. « Vous savez, nous utilisons beaucoup les gélatines, m'explique Juli Soler, le copropriétaire du restaurant, qui sont composées entre autres de glutamate. » On peut facilement se procurer des gélatines sans exhausteur de goût à peu près partout. « Si vous demandiez un produit sans glutamate, peut-être vous l'enverrait-on aussi… » murmuré-je. M. Soler se retire et quinze plats arrivent. Parmi eux, une glace au parmesan, des spaghettis de gélatine et des langues de canard. J'avoue que je suis incapable de discerner entre les bonnes langues de canard et les mauvaises…

Depuis le milieu des années 1980, je voyage en tant que gastronome. J'ai mangé entre autres à Londres, Paris, Bruxelles, Moscou, Bangkok, Tunis, Lausanne, New York, Saint-Sébastien, Charleston et Chelyabinsk, Miami et Milan. Autant que faire se peut, j'essaie d'alterner les bons établissements traditionnels et les restaurants de luxe. Je savais qu'à El Bulli on ne cuisinait pas comme ailleurs. À l'époque, la « cuisine moléculaire » n'était pas encore dans toutes les bouches et personne n'avait davantage entendu parler de la cuisine « techno-émotionnelle ». Le monde voyait dans la *fusion-food*, appelée aussi parfois la *crossover-cooking*, l'avenir de la cuisine. Entre Stockholm et Marrakech, ce sont les influences méditerranéennes qui prédominaient.

Le menu de Rosas était ingénieux; j'ai trouvé amusant qu'un cuisinier serve du parmesan glacé et qu'il taille de la gélatine en forme de spaghetti. Mais ce repas n'a pas été, tant s'en faut, le meilleur de ma vie, car il y manquait un élément essentiel: les bons ingrédients, le produit. Une mise en scène parfaite présidait à tous les plats qui semblaient destinés au photographe d'un magazine international. Mais, derrière cette beauté de façade, on n'allouait au goût qu'un rôle de second plan. J'appréciais pourtant que, dans un village catalan, il se trouve un cuisinier qui ose travailler d'une manière aussi bigarrée, aussi excessive, aussi marginale.

Les années sont passées plus vite que la mode de *crossover -cooking*. ElBulli a été élu plusieurs fois meilleur restaurant du monde par la revue britannique *Restaurant Magazine*. Les grands cuisiniers ne juraient plus que par les textures, oubliant les goûts. Dans tous les pays occidentaux triomphait un cuisinier moléculaire. Heston Blumenthal à Bray-on-Thames, Juan Amador près de Francfort, Thierry Marx à Pauillac, Wylie Dufresne à New York, Grant Achatz à Chicago… Il paraît qu'il y a même des restaurants moléculaires à Moscou maintenant, sous la direction d'un certain Anatoly Komm. Au Japon, Yamada Chikara propose une « cuisine moléculaire d'inspiration japonaise ».

Les innovations de Rosas ont conquis les établissements traditionnels et les auberges de campagne. À peine s'attable-t-on que commencent à défiler les verres à vodka, à whisky, etc. Avant, il n'y en avait qu'un, garni de différentes couches de couleurs, de gelée de betterave avec une crème d'avocat et un peu d'*espuma* de moutarde, par exemple. Ça sonne tout de même mieux que « notre trio de gelée, mousse et beaucoup d'air chaud ». Les grandes créations d'antan ont toujours été les plats quotidiens de demain. Les crêpes Suzette ou le saumon à l'oseille trônaient autrefois sur les cartes des meilleurs restaurants, puis ils sont lentement descendus vers la classe moyenne culinaire, avant d'être absorbés par les recueils de recettes à l'usage d'ambitieux cuisiniers amateurs, et de disparaître finalement dans les catacombes des plats cuisinés. Ce fameux saumon des frères Troisgros, en vogue dans les années 1960, je l'ai vu la dernière fois, les larmes aux yeux, sur la carte d'une aire de repos d'autoroute près de Lille. Non sans surprise, j'ai aussi relevé une « *espuma* de bonbon au caramel » à la carte de la Couronne, à Rouen, la plus vieille auberge de France où, à part cela, on vous sert un canard farci pompeusement découpé en salle, un soufflé au Grand Marnier assez goûteux et une entrecôte sauce béarnaise cuite dans les règles de l'art.

Entre côtes de veau et plateaux d'huîtres, ce plat a déjà l'air vieillot, comme un descendant légitime du turbot au kiwi des années 1970. Dans vingt ans, probablement, le maître racontera aux jeunes gourmets que, pour leurs parents, la haute cuisine c'étaient des mélanges divers d'air et de gélatine. Nous autres, clients plus âgés, lèverons les yeux au ciel en quête d'une sentence profonde sur le caractère éphémère des modes. Nous n'aurons plus à commander d'*espumas* et d'autres mousses. On nous les a déjà bien trop servies aujourd'hui.

C'est d'ailleurs avec la diffusion de l'*espuma* que s'est réellement amorcée la « vague moléculaire ». Je me trouvais un jour assis en compagnie d'un chef de cuisine quand s'est approché le représentant d'un nouveau produit. « *Texturas* ! » Le mot a résonné dans toute la salle tel un cri de triomphe. « C'est avec ça que travaillent les meilleurs cuisiniers du monde ! » Puis, à peine vingt secondes plus tard: « Je vous en mets combien ? » Le cuisinier et moi observions ces *texturas* d'un air songeur. Des additifs alimentaires à l'état pur, présentés comme un accessoire incontournable de l'art culinaire.

« Elles font partie de la cuisine d'aujourd'hui », a souligné notre pimpant représentant.

Du nouveau pour moi qui croyais que les additifs alimentaires étaient réservés à la conservation à long terme des goûts et des textures de la nourriture industrielle. Ou aux aliments bon marché. Le soir, je me suis mis à feuilleter pour la première fois les articles de presse consacrés à Adrià, Blumenthal et Dufresne et j'ai commencé à creuser le sujet.

En juin 2008, neuf ans après ma première visite à Rosas, j'ai écrit un nouvel article sur El Bulli. Cette fois, pour le magazine allemand *Der Stern*. Le texte s'intitulait « Diarrhée pour cinq »: un hommage à une recette de Ferran Adrià composée d'ingrédients laxatifs. Mon papier attaquait le recours massif à la chimie alimentaire dans la haute cuisine et expliquait comment l'Union européenne et l'industrie chimique subventionnaient ce style culinaire.

Peu de temps avant, le grand cuisinier Santi Santamaría, de la région de Barcelone, critiquait les ingrédients chimiques. Alors que mon texte se trouvait déjà à la rédaction, des voix s'élevaient dans le monde entier qui ne dénonçaient pas, par exemple, la légèreté avec laquelle on a recours à la chimie alimentaire. Toutes les critiques se retournaient contre le cuisinier indigné par l'usage excessif des additifs. Les chefs espagnols signaient même des pétitions contre le « traître » Santamaría. « Les additifs font partie de la cuisine d'aujourd'hui », affirmaient les journalistes gastronomiques dans de nombreux pays. En accord avec la rédaction, j'ai modifié mon article peu avant sa publication. Il me fallait y incorporer les événements récents.

La critique à l'utilisation de la chimie en cuisine a fait son chemin: en France, *Le Monde, Le Monde 2 et L'Express* s'en sont fait l'écho. Manfred Kohnke, directeur de l'édition allemande du Gault-Millau, a annoncé qu'à partir de 2009 il reverrait à la baisse les notes des chefs qui utiliseraient des additifs alimentaires. En Italie, l'émission populaire *Striscia la notizia* consacrait en mai 2009 cinq minutes par jour pendant un mois aux chefs moléculaires. Suite à ces émissions, une unité spécialisée de la police italienne a fouillé en juin 2009 une centaine de restaurants pour confisquer environ six cents pots d'additifs, dont bon nombre de « Texturas Albert y Ferran Adrià ». Évidemment, puisque l'additif n'est pas interdit, ces substances réapparaissaient à peine un mois plus tard à nouveau chez les distributeurs, mais avec un étiquetage modifié.

Des chefs cuisiniers, aidés d'amis et de clients, ont traduit mon texte en français et en italien. L'un d'eux m'a même prié d'autoriser cette traduction. Des collègues, de la Suède à Strasbourg, m'ont demandé un complément d'information. Je recevais des appels de soutien de la part de critiques gastronomiques. J'entendais souvent dire: « Si tu t'en prends à la cuisine moléculaire, compte sur moi. Mais n'attaque surtout pas Ferran Adrià ». C'est qu'Adrià ne s'était pas contenté d'avoir lancé la mode de la cuisine aux additifs; avec sa ligne de produits Texturas, il avait même fait des affaires grâce à la chimie alimentaire. En tant que journaliste, je me devais d'écrire à son propos.

La solidarité annoncée a finalement fait défaut et les coups se sont mis à pleuvoir, venus de l'autre camp de la cuisine moléculaire: des appels indésirables, suivis d'aimables discussions avec les rédacteurs des journaux avec qui je collabore. Ces chroniqueurs gastronomiques et journalistes se souciaient de savoir si mes rédactions devaient « travailler avec quelqu'un comme moi », car d'autres personnes, bien plus qualifiées, pourraient me remplacer. Des personnes qui admirent la cuisine aux additifs, par exemple. Ou des personnes qui, gastronomiquement correctes, ne parlent pas des vilains additifs en cuisine pour ne pas embêter le lecteur de façon inutile. Car la gastronomie est toujours belle, grandiose, inventive, c'est au moins aujourd'hui le fonds de commerce du « journalisme » gastronomique.

Le coauteur d'un livre sur la cuisine moléculaire me traitait de « berger allemand défendant son pot de saucisses ». Les critiques gastronomiques qui deux semaines auparavant n'attendaient que mon coup de fil commençaient désormais à me raccrocher au nez. Le point de vue de l'establishment gastronomique était clair : « Tu peux discuter la question des additifs avec nous. Mais tu as commis la faute d'informer tes lecteurs de ce qui se passe aujourd'hui dans les cuisines ». On me parlait des dérives, des modes, qui vont passer toutes seules, mieux vaut n'en pas parler au client final. Pour moi, c'était le client final qui fait vivre les restaurants et non une poignée de journalistes et experts autoproclamés

D'un autre côté, j'ai aussi reçu beaucoup de marques de soutien. Des collègues du monde de l'édition, des stagiaires aux directeurs, m'appelaient pour me dire: « Tout compte fait, cet article était nécessaire, voire souhaitable ». Des journalistes plus âgés que moi saluaient l'aspect « investigation dans le milieu culinaire où d'habitude tout est beau, tout est rose. »

Des gens que j'avais interviewés il y a longtemps me contactaient pour m'informer « qu'ils venaient d'annuler leur banquet commandé à un chef moléculaire ». D'autres, des cuisiniers jeunes et moins jeunes, qui, à la suite de mon article du *Stern*, s'engageaient à jeter leurs produits chimiques au conteneur des déchets polluants.

Et, aujourd'hui, ce livre dont une première version est parue en espagnol sur ce même sujet. Un livre contenant beaucoup de données que, pour une simple raison de place, je n'avais pu inclure alors, et d'autres que je n'ai recueillies qu'après la publication. Les défenseurs de la cuisine moléculaire vont bien évidemment manifester avec virulence à mes éditeurs leurs doutes au sujet de mes compétences. Ils imagineront des comparaisons plus abjectes que celle du « berger allemand ». Peut-être se trouvera-t-il même un journaliste pour inventer une interview de moi, comme cela s'était produit en juin 2008. Un confrère espagnol, connaissant ma publication dans le *Stern*, m'avait alors déclaré « grand admirateur de la cuisine d'El Bulli ».

Le « dialogue » avec les cuisiniers moléculaires s'appuie sur un rapport de forces réparties de manière inéquitable: d'un côté, nous avons affaire à une poignée d'auteurs pourvus d'ordinateurs, téléphones, connexions à Internet et accès aux bibliothèques universitaires du coin; de l'autre, nous avons des cuisiniers moléculaires financés par des sponsors, abreuvés d'argent de l'Union européenne, soutenus par des entreprises chimiques, des équipes de chercheurs et des agences de relations publiques.

Ces dernières, justement, ne négligent aucun canal de communication: elles ouvrent sur Internet des blogs où elles prônent la haine contre l'abstinence moléculaire et séduisent les journalistes indépendants à coups de commandes lucratives. L'argent que coûte leur travail, la « chiourme moléculaire » semble en avoir les poches pleines.

En résumé: voici un débat dont les critiques de la cuisine moléculaire ne peuvent sortir vainqueurs. Ce n'est pourtant pas une raison pour ne pas, tout au moins, chercher à l'entamer.

J. Zipprick

Chapitre I

« Un supplément d'additifs, s'il vous plaît »

« Les additifs, ce n'est pas bon. J'ai tout fait pour les supprimer chez Fleury Michon. Et, paradoxalement, on trouve aujourd'hui dans la cuisine moléculaire des additifs qui sont interdits dans l'agroalimentaire. »

Le grand cuisinier français Joël Robuchon,
le 27 septembre 2007 dans *L'Hôtellerie*

Les murs sont tapissés de pierre rugueuse. Des nappes blanches recouvrent de modestes tables en bois. Des boutons de rose nagent dans des vases bombés. De la fenêtre, on aperçoit quelques baigneurs sur la plage de Rosas. Aucun d'eux ne viendra jamais s'asseoir à ces tables en bois. ElBulli, le bouledogue, affiche toujours complet; que son chef et copropriétaire, Ferran Adrià, un Espagnol brun, au visage arrondi, soit considéré comme le meilleur cuisinier du monde y est sans doute pour quelque chose. C'est du moins l'avis du très britannique *Restaurant Magazine* qui vient de le réélire comme tel en avril 2009, pour la quatrième fois consécutive. Une fois la dernière limousine garée sur le parking situé au-delà de la ruelle tortueuse, Adrià allume la mèche de son grand feu d'artifice. Des champignons enrobés d'ambre, des légumes que l'on croirait sortis d'un tableau de Miró. Il a été le premier cuisinier convié à la Documenta 2007 en tant qu'invité d'honneur.

« Dans un restaurant comme El Bulli, on travaille avec la précision d'un neurochirurgien », déclarait Roger Buergel, le directeur de la Documenta. C'est vrai: dans la cuisine située derrière une sculpture monumentale représentant une tête de taureau, où la propreté est celle d'un bloc opératoire, des hommes en blanc très concentrés œuvrent sans relâche, maniant seringues et balances de précision. En salle, l'arrivée de chaque nouveau plat est ponctuée d'un silence soudain et d'une respectueuse révérence de la part des convives. Certains ont réservé leur table cinq mois à l'avance. Monsieur Adrià est devenu pour eux un personnage familier, « *le* Ferran », un personnage réduit à son prénom, comme ils disent « *la* Britney » ou « *la* Stéphanie de Monaco ». Ils se sont d'ailleurs souvent rencontrés grâce à la télévision: eux, assis devant l'appareil; lui, à l'écran. Et là, face à la caméra, *le* Ferran a transformé l'aliment le plus trivial en une merveille des plus extraordinaires. Pour ce faire, il a souvent dû extraire de sa manche une mystérieuse cornue et, comme par magie, une huile d'olive toute simple s'est transformée en une spirale d'huile d'olive semblable à un ressort transparent de fil de fer. On se souvient qu'en salle ont aussi flotté des nuages de fumée: pas de la fumée de cigare, non, mais celle de l'azote liquide qui permet de cuire les légumes à –195 °C. Mais le procédé s'est vulgarisé et il convient désormais d'offrir du nouveau à l'élite des convives.

En Espagne, les magazines qualifient cette nouvelle manière de cuisinier de « techno-émotionnelle », ce qui ferait davantage penser à un festival de musique de Barcelone qu'à une appellation à peu près aussi loufoque que celle de « cuisine moléculaire ». Tout ce qui nous environne dans notre existence, dans l'univers, que ce soit l'air autour de nous ou nous-mêmes, est moléculaire d'une manière ou d'une autre.

Le Ferran n'aime guère mentionner la mystérieuse cornue, car tout cuisinier garde ses petits secrets pour lui. Et n'oublions pas que *le* Ferran ne se contente pas de créer des plats; il les « invente ». Il possède même à cette fin un laboratoire à Barcelone baptisé « El Bullitaller ». Depuis peu, la « section scientifique » a déménagé. C'est à l'organisation Fundación Alicia qu'il incombe désormais de mener des expériences culinaires encore plus abracadabrantes.

Après tout, il est vrai qu'un cuisinier ne vit pas que de son restaurant et de recueils de recettes. À l'instar de nombre de ses collègues qui commercialisent leurs terrines et confitures maison, Adrià a fini par vendre ses remèdes miracles à ses confrères cuisiniers et aux particuliers du monde entier. Ils portent aujourd'hui les noms de « Iota », « Kappa » ou « Gellan », et les designers de l'agence catalane Cosmic Grafica les ont stylisés au point d'en faire de petits objets de décoration. Quand l'agence ne travaille pas pour le compte d'Adrià, elle crée des pochettes de CD pour des groupes underground.

Derrière des appellations aussi évocatrices se cache en fait le catalogue de l'industrie alimentaire: E 322, E 331, E 400, E 406, E 407, E 415, E 418, E 461, E 473, E 475, E 509, E 578, E 327. Certains cuisiniers « techno-émotionnels », ou moléculaires, comme le confrère d'Adrià Wylie Dufresne aux États-Unis, utilisent également un « enzyme-adhésif » appelé transglutaminase qui permet à l'industrie de confectionner des saucisses avec des restes de viande bon marché.

Ce côté chimie alimentaire, Adrià, Dufresne, le Britannique Blumenthal ou l'Allemand Amador préfèrent ne pas en parler au convive. En fin de compte, parmi leurs clients beaucoup achètent des produits bio, voient d'un mauvais œil l'ajout d'acide ascorbique dans leur baguette de pain et manifestent devant les fast-foods contre la décadence de la culture culinaire. Pourquoi l'avouer si, après tout, dans la majorité des pays concernés les restaurants ne sont pas tenus de déclarer leurs additifs alimentaires ? Dans les dépliants qui accompagnent ses petites boîtes de conserve, Adrià préfère s'étendre sur les produits dérivés des algues et autres matières premières végétales. Ce n'est pas faux, mais il omet seulement de mentionner les différentes étapes de fabrication en laboratoire chimique au cours desquelles on transforme les algues en Iota et en Kappa.

Les clients et les critiques gastronomiques, normalement, se méfient de l'industrie chimique et font pourtant confiance aux cuisiniers, les yeux fermés et de tout cœur, surtout si ces cuisiniers sont les meilleurs du monde. Or la notion d'« invention » n'est pas non plus à prendre au pied de la lettre. Les additifs, Adrià ne les a pas inventés. Pas plus que leurs applications ni la « sphérification » qui permet de fabriquer de petites boules d'aliments semblables à du caoutchouc et parfumées d'arômes les plus divers. (J'en veux pour preuve les brevets américains 4 375 481 de 1983, 4 822 534 de 1989, 5 942 266 de 1999, qui apparaissent sur le site Internet des brevets patft.uspto.gov. Nous le verrons plus loin dans cet ouvrage.) Le problème avec les inventions, c'est qu'au cours de l'histoire beaucoup de monde a inventé beaucoup de choses. Comme inventer est difficile et demande du temps, diverses personnes et organisations ont quelque peu aidé *le* Ferran, grâce à un projet notamment, appelé INICON. L'Union européenne y a consacré 550 863 euros 63, auxquels l'industrie chimique en a ajouté 642 811,37. Pour ce prix, le TTZ (Technologie-Transfer-Zentrum, pour « Centre de transfert des technologies ») de Bremerhaven a transformé en « prêts à cuisiner », disons-le ainsi, les additifs, recettes et arômes artificiels de l'industrie alimentaire. Un sujet que le Ferran et son confrère anglais Blumenthal, lui aussi partenaire d'INICON, n'aiment guère aborder. Ils se sont refusés à toute déclaration. Comme s'y sont également soustraits le partenaire français d'INICON, Le Crocodile, de Strasbourg sous la direction d'Émile Jung, et le restaurant allemand Grashoff à Brême. Ce dernier est d'ailleurs bien plus fameux pour ses saucisses, ses soles et ses harengs que pour sa cuisine moléculaire. Peut-être doit-on ce silence à la nature de ma question: « Est-il vrai que l'on paie les cuisiniers avec l'argent du contribuable pour qu'ils glissent dans leurs menus des additifs alimentaires et des arômes artificiels ? »

Tandis que les grands cuisiniers ne cessent de répéter que « la bonne cuisine se fait à partir de bons ingrédients », les représentants de la ligne « techno-émotionnelle », eux, plongent allègrement leurs mains dans la marmite chimique. En tout cas, telle est la liste des ingrédients dont se sert Adrià pour préparer sa fameuse spirale d'huile d'olive: 100 g d'E 953; 25 g de glucose; 1,5 g d'E 473; 45 g d'huile d'olive; 1,5 g d'E 475. Ce qui nous fait quand même un total de 103 grammes d'additifs pour 45 grammes d'huile d'olive et un peu de glucose.

L'industrie alimentaire se sert surtout de ces additifs pour garantir la conservation de la nourriture, notamment au niveau du goût et de la texture. Les aliments doivent en effet supporter des transports à longue distance et les exigences qui régissent le commerce en matière de péremption minimum doivent être respectées. Parfois ces additifs facilitent tout simplement le travail; parfois aussi ils réduisent les coûts.

Plus les connaissances des cuisiniers en chimie sont grandes et moins ils s'enflamment pour les additifs.

Olivier Roellinger, le grand cuisinier de Cancale en Bretagne, a tout d'abord étudié la chimie. « Quand les cuisiniers cessent de croire que leur tâche consiste à offrir ce que la nature offre de meilleur, quand ils servent les avancées de l'industrie chimique de ces quarante dernières années, c'est que l'on franchit la ligne rouge, affirme-t-il. Ce n'est pas un progrès. L'exemple le plus simple est celui de l'azote liquide que l'on emploie également en dermatologie pour éliminer les verrues: il produit de la fumée et brûle les aliments grâce à de très basses températures. »

Olivier Roellinger essaye depuis longtemps d'informer le public sur la véritable nature de la cuisine dite moléculaire. Ce fut le premier (et le seul) chef à me parler ouvertement des additifs utilisés en Espagne.

« Cette forme d'imposture ne m'intéresse absolument pas », disait-il au blog *La Cuisine à quatre mains*. « La cuisine moléculaire, c'est de la cuisine pouêt-pouêt, un leurre pour des gens qui n'ont pas beaucoup de connaissances au départ. C'est vraiment vendre du vent. Et qui finance tout ce lobbying? Tout est financé par le syndicat des arômes d'Europe… En réalité, il s'agit de faire rentrer les arômes de synthèse par la grande porte dans les grandes cuisines d'Europe. C'est absolument abominable. D'autant que je crois que l'aspiration profonde de nos contemporains, c'est plutôt le naturel, le plus sain. »

Le grand cuisinier suisse Frédy Girardet avertissait le public en septembre 2007 dans le quotidien *Le Monde*: « Quelques-uns [parmi les chefs] enfin croient que la modernité consiste à transformer leur cuisine en laboratoire et rejettent les bases de la cuisine classique. Ils n'hésitent pas à employer des produits de synthèse (adjuvants, additifs, colorants, exhausteurs de goût), qu'ils utilisent sans trop de discernement avec des procédés techniques nouveaux ou remis au goût du jour. Chez certains, le produit même disparaît, trituré, déstructuré, aromatisé et recomposé sous une autre forme. […] L'industrie agroalimentaire encourage cette pseudomodernité qui lui permet d'imposer ses produits sur un marché captif… Je ne défends aucun territoire, j'ai vendu mon restaurant il y a dix ans, et je n'ai pas le sentiment d'être rétrograde. Mais il faut arrêter avec les goûts brouillés et sucrés des plats d'avant-garde, les repas qui sont une succession d'amuse-bouches où rien n'est identifiable, ni la texture, ni la fraîcheur, ni la saveur originelle du produit.»

Joël Robuchon, conseiller du fabricant de plats cuisinés Fleury Michon, a toujours considéré que sa mission était d'améliorer l'alimentation de tous les jours. «[Je suis] à 200% contre [la cuisine moléculaire]. Pour la bonne raison que je travaille étroitement avec les services de santé, les industriels; qu'on encourage à éliminer acidifiants, colorants, édulcorants *and Co.,* dont certains ont des effets secondaires. Que tout ça relève de la masturbation cérébrale! En fait, c'est plus dur de concocter une cuisine simple et de se faire remarquer. Faire simple, c'est compliqué!» déclarait-il un jour au magazine Internet *Au Féminin*.

Les soupes estampillées du portrait de Robuchon sont «garanties sans additifs, exhausteurs de goût, colorants, arômes artificiels ni conservateurs». C'est le monde à l'envers: ces soupes sont commercialisées en grandes surfaces, tandis que dans les restaurants haut de gamme abondent les produits chimiques.

Le grand chef Santi Santamaría, de Can Fabes à Sant Celoni, à côté de Barcelone, dénonce: «La plupart des cuisiniers qui utilisent ces substances ne respectent pas les produits dans leur propre cuisine. Il faudrait qu'ils indiquent clairement les additifs sur leurs cartes. Voilà qui serait juste et loyal vis-à-vis de la concurrence».

Une information fort nécessaire: les clients des restaurants ignorent jusqu'où arrivent les additifs qui, de la gastronomie d'avant-garde, sont venus se glisser dans la cuisine traditionnelle. Dans le meilleur de cas, si le chef sait doser ses arômes artificiels et d'autres exhausteurs du goût, c'est un peu comme un dopage de cuisine: le chef moléculaire n'a pas à investir dans une marchandise de premier choix, ces substances lui permettent de tromper le nez et parfois le goût des consommateurs. Le produit passe de manière systématique après la prouesse technique. Dans le pire des cas, le chef va surdoser ces additifs, essentiellement des hydrocolloïdes, causant ainsi diarrhées, flatulences et malaises à ses clients.

Quelle est la part de la chimie alimentaire dans le menu? Une question à laquelle aucun cuisinier ne veut répondre.

« C'est une cuisine d'avant-garde », répond le seigneur Adrià quand on l'interroge à propos des additifs. « L'avant-garde, parce qu'elle bouscule les choses établies, est toujours sujette à polémiques. »

À travers l'histoire, l'avant-garde s'est dressée contre l'ordre établi. L'avant-garde « adriesque » par contre s'allie avec l'ordre établi par l'industrie chimique. Elle s'approprie les techniques de l'agroalimentaire pour les pervertir. Pervertir, car il y a une bonne raison pour laquelle nos aliments au supermarché ne dégorgent pas de mousse: d'habitude, on utilise les additifs alimentaires avec plus de précautions que les cuisiniers d'avant-garde. L'industrie veut des produits qui semblent aussi naturels que possible, le « chef moléculaire » veut des plats jamais vus, d'où une tendance aux doses fortes. Le client, paraît-il, veut du naturel, sans trop de « E » sur l'étiquette.

C'est donc une avant-garde autoproclamée qui cherche une proximité avec le pouvoir afin d'obtenir financements, aides et support médiatique.

Les textures d'Adrià ont créé un marché parallèle de chimie alimentaire destiné aux cuisiniers et aux consommateurs qui promet d'énormes gains. Les produits des entreprises chimiques tels que Dow ou CP Kelco, autrefois réservés aux professionnels, sont écoulés directement sur Internet par des marchands de bonheur culinaire.

La demande ne vient pas seulement des restaurants: elle émane aussi des traiteurs et des sociétés de *catering* qui cherchent à éblouir, à n'importe quel prix, grâce à la magie moléculaire.

Si les hamburgers d'une chaîne de fast-food contenaient ne serait-ce que la moitié des additifs d'un menu moléculaire, la presse et les associations de consommateurs crieraient au scandale.

La cuisine moléculaire est à la cuisine ce que les CGI (*computed-generated images*) sont au cinéma. Les films d'action ou d'aventures qui sortent aujourd'hui des ordinateurs sont plus violents et spectaculaires que jamais. On n'avait jamais vu d'explosions aussi formidables ni de sauts périlleux aussi prodigieux de la part des héros. Mais l'œil ne s'en laisse guère conter, puisque tout, soudainement, est possible, plus rien n'impressionne.

De la cuisine moléculaire, il ne reste que de la bouillie.

Dans cette cuisine, on parle plus de texture que de goût. La « texture », c'est ce que les professionnels du fast-food appellent *mouthfeeling*. Le sentiment « agréable » qu'un hamburger chaud entouré d'un pain mou laisse en bouche.

Cette célèbre texture traverse toutes les étapes du solide au semi-liquide jusqu'à l'air, une sorte de mousse de bain aromatisée. Il n'y a plus rien à mâcher, la texture, dont ces chefs parlent trop, est réduite au mou. La chaleur n'existe plus dans cette cuisine, les plats sont froids ou tièdes.

Le résultat est une grande cuisine déguisée. Elle feint d'être grande… elle feint aussi d'être de la cuisine.

Cette cuisine a un défaut congénital: elle transforme les chefs en génies grâce à l'usage de la chimie alimentaire. Par contre, si c'est un industriel qui se sert de la chimie alimentaire, il n'apparaît pas comme un génie, mais, dans le pire des cas, comme un commerçant qui offre à ses clients une marchandise douteuse.

Les cuisiniers moléculaires se contentent de transposer en cuisine des moyens et des principes éprouvés depuis des décennies dans les domaines de la chimie alimentaire, de la pharmaceutique et de la cosmétique. Ils tablent sur l'effet de surprise: ce qui fonctionne à grande échelle fonctionne désormais à une échelle plus modeste. En cela, ils contreviennent deux fois par jour à la définition de la grande cuisine: la grande cuisine se fonde sur de bons produits. Les bons produits doivent conserver leur propre goût.

Ils font fi de la bonne vieille devise: « Avec la nourriture, on ne badine pas ».

Leur vision de l'avenir a de quoi effrayer: la cuisine moléculaire s'imposerait dans un monde où auraient disparu poissons et crustacés, où l'on aurait empoisonné les légumes à coups de pesticides, où la viande clonée grouillerait d'hormones. On pourrait avaler joyeusement ces gelées aromatisées puisqu'on n'aurait rien d'autre à se mettre sous la dent.

Et, même si les cuisiniers moléculaires ne sont pas légion, ils font beaucoup parler d'eux et se voient comme un modèle pour la profession. Parmi les mille meilleurs restaurants d'Europe, on ne compte pas plus de vingt ou trente cuisiniers exclusivement moléculaires. Les autres utilisent les techniques moléculaires pour réaliser des économies grâce aux gélifiants industriels qui remplacent le vrai produit. Certains introduisent de temps en temps un plat moléculaire pour démontrer qu'ils maîtrisent cette forme de cuisine quand ils le veulent. Mais, pour quoi faire en réalité ?

Vaste question. Pour y répondre, remontons d'abord aux sources de cette tendance culinaire.

Chapitre II

La cuisine moléculaire est née...

Le chimiste français Hervé This est universellement connu comme l'inventeur de la « cuisine moléculaire », puisqu'il a été le premier à appliquer des critères scientifiques à l'analyse de l'art culinaire. Les résultats de ses travaux, il les a ensuite transférés aux fourneaux.

Il aime rappeler à qui veut l'entendre que la cuisine moléculaire est née en 1992 dans son atelier de Sicile. Ce qui est sans doute vrai pour le terme, mais pas forcément pour l'exploration scientifique de la cuisine: le père de la science moderne appliquée à la cuisine est l'Américain Harold McGee, dont l'ouvrage *On Food and Cooking* parut en 1984, soit une bonne dizaine d'années avant les livres de This. Mais McGee n'a pas non plus inventé le genre, ni ne l'a jamais prétendu d'ailleurs. Chez Brillat-Savarin déjà, et sans doute bien avant lui, on trouve des observations scientifiques sur l'art culinaire.

Harold McGee ne cuisinait pas à l'azote liquide, mais il a rendu mesurables les succès et les échecs des fourneaux. Si le rôti n'est pas craquant, si la croûte de la crème brûlée ne crépite pas quand on la brise à la cuillère, c'est que le moment est venu de consulter ses livres. On y trouvera, par exemple, une recette de guacamole.

Si vous avez goûté à la cuisine mexicaine, vous devez adorer le guacamole, cette sorte de purée d'avocat à la tomate et à la coriandre. Mais, malheureusement, même le plus appétissant des guacamoles se transforme bientôt en une bouillie verdâtre apparemment indigeste. McGee s'est aperçu que seule la couche externe du guacamole subissait cette étrangère coloration et, pour vérifier, il a carrément enfoncé une ampoule de quarante watts dans la pâte verte. Résultat de cette expérience: au bout d'une heure le guacamole a considérablement changé de couleur, fait que l'on éviterait si on le recouvrait complètement. La meilleure manière de faire mûrir les avocats chez soi consiste à les conserver entre 15 °C et 21 °C, après quoi on peut les garder dans le bac à légumes du réfrigérateur à une température avoisinant les 10 °C.

Guacamole
4 avocats
2 tomates
1 citron vert
1 bouquet de coriandre
1 piment rouge

Plonger les tomates dans de l'eau bouillante, les peler, les épépiner, puis les couper en petits dés. Ôter les graines du piment et le détailler en petits morceaux. Séparer les avocats en quartiers, retirer l'écorce et couper en petits dés. Arroser l'avocat avec le jus du citron vert. Ciseler la coriandre. Broyer le tout à la fourchette jusqu'à l'obtention d'une pâte et saler.

Ou sa béarnaise.

« Elle se fait pratiquement toute seule », nous assure Harold McGee. C'est le jaune d'œuf qui donne à la béarnaise ou à la sauce hollandaise leur texture correcte. Mais attention: même si, sous l'effet de la chaleur, la viscosité des protéines du jaune contribue grandement au procédé, on veillera à ce que la sauce ne chauffe pas trop. En effet, au-delà de la frontière magique située entre 71 °C et 77 °C la sauce se fluidifie d'un coup et des grumeaux se forment dans la graisse du beurre. Selon McGee: « Il faut bien contrôler la température pour que le beurre fonde uniformément ». Une fois la béarnaise ou la hollandaise dans la casserole, il faut se garder de prolonger la cuisson, et prendre soin au contraire de faire descendre la température à 49 °C.

Sauce béarnaise
0,20 litre de vin blanc
0,20 litre de vinaigre à l'estragon
4 cuillerées à café d'échalote hachée
20 grammes d'estragon ciselé
10 grammes de cerfeuil
5 grammes de poivre concassé
1 pincée de sel
6 jaunes d'œuf
500 grammes de beurre
Un peu de piment de Cayenne
1 cuillerée à café d'estragon haché
½ cuillerée à café de cerfeuil haché

Faire chauffer le vin blanc, le vinaigre à l'estragon, l'échalote, l'estragon, le cerfeuil, le poivre et une pincée de sel jusqu'à ce que le mélange se réduise aux deux tiers. Laisser refroidir avant d'ajouter les jaunes d'œuf. Fouetter ensuite avec le beurre cru ou légèrement fondu. Chinoiser la sauce, goûter, puis relever d'une pointe de piment de Cayenne, ainsi que d'estragon et de cerfeuil hachés.

Ou ses instructions sur la parfaite cuisson du steak.

Le steak est-il trop sec à la poêle ? Les tranches sont-elles grises ? Harold McGee a la solution: « Marquer la viande à haute température n'empêche pas une perte de jus ». Autrement dit, si l'on tient à ce que le steak soit bien cuit, il faut choisir une pièce où la graisse soit uniformément répartie, sans quoi la viande se dessèche. Il recommande pourtant le marquage: « Une poêle très chaude permet de saisir la viande immédiatement. Quand le jus devient marron, les arômes du steak s'intensifient ». Mais attention: au cours des expériences de McGee, les steaks très cuits ont perdu jusqu'à 25 % de leur poids.

Recette
Steak
Huile d'olive

Chauffer la poêle avec de l'huile d'olive. Marquer d'abord le steak à haute température, puis terminer la cuisson à basse température.

McGee a répété l'expérience avec des steaks d'épaisseurs différentes, en les retournant une ou plusieurs fois. Le résultat au niveau du goût était toujours le même. En fonction de leur poids, la cuisson des steaks durait entre sept et douze minutes.

Et, pour finir, une expérience curieuse avec des frites.

Frire chez soi dans une poêle se traduit par des éclaboussures partout. Ce qui nuit particulièrement aux gens qui portent des lunettes. C'est le cas d'Harold McGee, que l'huile agaçait beaucoup. Après de nombreux essais avec trois paires de lunettes successives, il apparaît clairement que les gouttes d'huile montent d'abord avant de redescendre le long du visage du cuisinier amateur. Comme il est probable que celui-ci soit penché au-dessus de sa poêle, ces gouttes finissent par se coller contre la partie intérieure des verres. Recommandation du scientifique: « Porter une casquette de baseball protège efficacement les yeux et les lunettes des éclaboussures de la friture ».

Frites à l'aïoli
Pommes de terre
1 œuf
1-2 gousses d'ail
Huile d'olive

Couper les pommes de terre en dés et les frire dans une poêle. Préparer l'aïoli comme s'il s'agissait d'une mayonnaise: battre l'œuf tout en versant l'huile jusqu'à l'obtention d'un mélange homogène. Ajouter une ou deux gousses d'ail.

Voilà ce qu'on peut lire dans Harold McGee, *On Food and Cooking*, Simon & Schuster, New York, ainsi que dans Harold McGee, *The Curious Cook*, MacMillan, New York.

Dans les éditions originales de ces ouvrages, aucune recette ne contient de chimie alimentaire. Il ne s'agit que de contrôler la température et d'appliquer à chaque cas la méthode de cuisson appropriée.

McGee parle brièvement des additifs sans pour autant les recommander pour usage en restauration. Il souligne que plusieurs additifs ont déjà été interdits et remarque que la pratique de ne pas correctement afficher les additifs employés est inacceptable, voire se rapproche de la fraude ("*it is indeed an objectionable practice, and may even approach fraud*"). Sa conclusion: « L'idée d'un choix intelligent repose sur le fait que l'information requise pour faire son choix est disponible ("*The idea of an intelligent choice presupposes the availability of the information required to make the choice*").

Les méthodes de McGee font aujourd'hui partie du quotidien dans les cuisines modernes des établissements haut de gamme tout comme dans les restaurants que les clients considèrent comme traditionnels.

Que se passe-t-il dans les premiers ouvrages d'Hervé This ? À peu près la même chose.

Quel est l'ustensile de cuisine le plus important ? Après la poêle et la casserole, pour Hervé This, c'est la seringue. Grâce à elle, il extrait le jaune des œufs et injecte du cointreau dans des cuisses de canard. Son conseil: injecter du jus d'ananas dans un filet de porc rend la viande beaucoup plus tendre, un phénomène que l'on doit aux enzymes protéolytiques. L'exemple le plus significatif pour This: « Pendant la Seconde Guerre mondiale, un détachement de troupes anglaises se réfugia dans la jungle asiatique et les soldats, qui étaient tombés sur une plantation d'ananas, ne s'alimentèrent que de ce fruit. Au bout de dix jours, ils commencèrent à perdre leurs dents parce que le jus d'ananas leur rongeait les gencives ». Ainsi, il recommande deux ananas pour un filet de porc d'un kilo afin d'attendrir la viande. Il y avait aussi l'« œuf au plat façon This » pour lequel il recommandait une poêle d'un diamètre maximum de quinze centimètres, un ustensile « tout au plus deux fois plus grand qu'un œuf ».

Dans ses premiers ouvrages, This ne prône pas non plus le recours aux additifs alimentaires.

Le public raffole de ces « scientifiques étourdis » qui expliquent pour la première fois pourquoi le soufflé retombe quand on ouvre la porte du four, pourquoi les blancs en neige se durcissent avec le sel, ou quelle quantité de mayonnaise on peut obtenir avec un jaune d'œuf. Hervé This en particulier est passé maître dans l'art de vendre la *kitchen science*, dans le jeu des échanges avec les médias. Aux États-Unis, on en aurait sûrement fait un *spin doctor*.

Quant aux cuisiniers professionnels et amateurs, ils adorent ces livres qui font de l'art culinaire un procédé chiffrable. Et puis, il est bien plus commode de se plaindre aux clients des déficiences d'un four que d'admettre que le soufflé est bêtement retombé, sans autre forme de procès.

Chapitre III

El Bulli se fait un nom

Si l'on avait demandé aux Français à la fin des années quatre-vingt-dix quel était pour eux le meilleur cuisinier du monde, beaucoup auraient répondu du tac au tac : Joël Robuchon. Quand on a posé cette même question à Joël Robuchon, ce grand chef parisien qui a pris à cinquante et un ans une retraite prématurée mais ô combien laborieuse, il a répondu sans hésiter non plus: « Depuis que j'ai abandonné les fourneaux, Ferran Adrià, d'El Bulli, de Rosas, est le meilleur. En France, j'ai trop d'amis ». Les amis en question en ont déduit que chacun d'entre eux était suffisamment bon pour être numéro un; quant aux autres, ils ont compris que monsieur Robuchon ne voulait blesser personne...

Rosas, petit fief de l'empereur espagnol de la cuisine, n'était alors qu'une station balnéaire sans grand intérêt sur la Costa Brava, barrée d'une grand-rue le long de laquelle se balançaient au gré du vent des dinosaures en plastique. Pour se rendre à El Bulli, il fallait suivre une piste en terre battue longue de plusieurs kilomètres et trouée de nids-de-poule suffisamment grands pour engloutir des roues de secours. Avec ses poutres en bois et ses murs en crépi, une décoration discrètement moderne et quelques images pieuses, l'établissement n'était pas des plus branchés. Mais en cuisine chaque plat ressemblait à un Miró, l'équivalent culinaire du triple saut périlleux sans filet. Si Adrià avait été artiste de cirque, il aurait sans doute pu à la fois se balancer sur un trapèze, cracher du feu, sortir deux ou trois lapins de son chapeau et marcher sur la corde raide. Mais en tant que cuisinier, il revêtait d'arômes des spécialités jamais dégustées auparavant, d'une complexité inouïe, et ne reculait devant aucune audace sur le plan gustatif. Raison pour laquelle naturellement le maître glane depuis longtemps les plus hautes distinctions dans tous les guides gastronomiques. Or, s'il n'était pas le seul à atteindre ainsi l'excellence, la particularité d'Adrià tenait en ce qu'il travaillait sur les arômes, les fragrances et la présentation et jouait avec la consistance, la température, la viscosité et la texture.

« En tant qu'autodidacte, je ne dois rien à aucun maître », c'est ainsi qu'Adrià expliquait son flux débordant d'idées. Au début, ses propos avaient même l'air d'une excuse: « Beaucoup de grands cuisiniers se font de leurs maîtres une figure paternelle qui les empêche de créer quelque chose à eux. Ils gardent en mémoire trois ou quatre spécialités, le reste peut s'oublier. Nous, en revanche, nous avons créé ici quelque soixante nouveaux plats… » Quand il se réfère à ces plats, Adrià utilise souvent les termes de magie, ironie ou humour. « Magique », voilà comment il qualifie sa soupe de petits pois servie dans une coupe à champagne. Sous les petits pois, il y avait une soupe froide à la menthe, de telle sorte qu'à chaque gorgée on percevait en bouche deux températures et deux arômes complètement différents. La magie consistait évidemment à ne jamais mélanger, sous aucun prétexte, les deux liquides. « Ironiques », ses tagliatelles à la carbonara, parce qu'évidemment il ne s'agissait pas du tout de tagliatelles, mais de très fines bandes d'huile de truffe gélifiée qu'il accommodait pourtant à la carbonara à la manière classique. Quant à son humour, il se manifestait au travers d'un flan froid de foie gras: salé d'abord, aigre-doux ensuite, avant de finir comme une crème caramel…

À la magie s'apparentait indéfectiblement le jeu sur la texture et la température. Déjà Adrià y introduisait toujours plusieurs gélatines ainsi que l'agar-agar. Mais à la différence de ses confrères, Adrià, lui, n'hésitait pas à reconnaître franchement que certains goûts sortaient de son coffret de chimiste: l'huile de truffe transformée en tagliatelles ou pour rehausser les truffes de l'été.

« Un cuisinier créatif a besoin de technique autant que de passion. L'inspiration, c'est ma région qui me la donne. Barcelone est bien plus ouverte que d'autres villes. Ce que je veux, avant tout, c'est améliorer les choses ici, le reste viendra ensuite » a-t-il déclaré un jour.

Adrià a défini son art culinaire particulier comme une « déconstruction de la cuisine ». « Un plat déconstructif conserve tout l'arôme de ses ingrédients, mais bouleverse complètement d'autres éléments ordinaires tels que la présentation ou la texture. Prenons par exemple le melon au jambon. Moi, je le sers comme une soupe de melon, accompagnée d'un bouillon et de tranches de jambon. Chaque convive identifie les arômes, mais personne ne sait de quel plat il s'agit. »

Déjà à l'époque existait le laboratoire: « À Barcelone, j'ai un atelier qui me sert à recharger mes piles et à créer de manière systématique. En fin de compte, tous les architectes ont bien un atelier… À Rosas, on produit; au laboratoire, on fait nos recherches. C'est aussi comme cela qu'on fonctionne chez Rolls Royce ou Ferrari ». Les grands mots. Mais les quarante-cinq places de « l'usine de production » sont réservées en permanence. De trente-cinq à quarante cuisiniers travaillent aux ordres d'Adrià dans une cuisine design.

Aucun des grands livres sur El Bulli destinés à nos salles à manger n'était encore paru. Il y avait bien un premier livre, *La Cuisine de la Méditerranée*, qui mettait en scène des recettes simples mais fort originales, sans gélifiants ni exhausteurs de goût ou arômes artificiels. Ce premier ouvrage a été soutenu financièrement par l'office de tourisme régional. Miquel Horta, l'éditeur de l'époque, a été pendant de longues années un sponsor du restaurant El Bulli. Soit dit en passant que ce sponsoring l'a emmené tout droit au tribunal, à Barcelone, où une plainte de la famille Horta contre Ferran Adrià et son associé Juli Soler attend actuellement le jugement final. Une querelle d'argent, des questions de cession de parts, rien d'inhabituel, sinon que la somme en question est particulièrement élevée. Juan Ignacio Navas, l'avocat des Horta, est connu en Espagne comme spécialiste des cas difficiles. Quand on fait appel à Navas, la difficulté n'est souvent pas seulement d'ordre juridique. Ses procès concernent les grands groupes industriels, les personnages publics, voire la corruption. Il a gagné la première manche, Adrià et Soler ont dû présenter à la famille Horta leur comptabilité. La famille Horta ainsi que la presse espagnole attendent en ce moment la suite des événements, mais le dossier n'avance que très lentement.

La famille Horta ainsi que la presse espagnole attendent en ce moment la suite des événements.

Les idées qu'on lie aujourd'hui à Adrià émergent pour la première fois dans un volume vert de trois cent trente-six pages, intitulé *Los Secretos de El Bulli*: des recettes, des techniques et des réflexions. Publié par les éditions Altaya de Barcelone en 1997, l'ouvrage ne contient pas une seule photo, mais regorge d'idées intelligentes. Par exemple, comment grâce à un dosage correct et perspicace des ingrédients on peut obtenir des combinaisons insolites.

On y parlait du maniement du Thermomix, du mixeur plongeant, du four à vapeur, du micro-ondes et du siphon. Beaucoup de recettes, énormément même, incluaient de la gélatine. De temps à autre, on voyait apparaître des ingrédients comme les pastilles de Fisherman's Friend pour accompagner un dessert. Déjà ces « secrets » décrivaient des textures, des arômes, des goûts. Les idées fondamentales qui allaient conduire Ferran Adrià sur la voie du succès s'exposaient là en toute clarté. Seul l'usage des additifs alimentaires à grande échelle ne semblait pas encore faire partie de ces secrets. Le livre, en tout cas, passe cet aspect sous silence.

Chapitre IV

Le projet INICON

Bremerhaven, au nord de l'Allemagne, est située dans ce qu'on a coutume d'appeler une « région en crise ». Cela fait bien longtemps que le port et l'industrie de la pêche ne peuvent plus donner de travail à tout le monde. « Depuis 1989, la Brême a reçu plus de deux cent quatre-vingt-cinq millions d'euros rien qu'en fonds régionaux de l'Union européenne. Grâce aux apports conjugués de l'UE et du cofinancement local, on a injecté dans l'économie de la Brême plus de cinq cent soixante-dix millions d'euros destinés à la restructuration et à la modernisation économique de cette région », expliquait en janvier 2004 le sénateur Harmut Perschau, expert en économie, à l'occasion de la présentation d'un document sur les projets de l'Union européenne à Brême et Bremerhaven.

C'est à Bremerhaven que se trouve le TTZ, Technologie-Transfer-Zentrum, « Centre de transfert des technologies », qui se définit lui-même comme un « fournisseur indépendant de services de recherche destinés au marché ». Son directeur s'appelle Werner Mlodzianowski.

« Fondé en 1987, le TTZ de Bremerhaven n'a eu de cesse de se développer et de s'amplifier. Nous disposons aujourd'hui d'une équipe internationale d'environ quatre-vingts experts en différents domaines (technologie de la nutrition et biotechnologie, écotrophologie, ingénieries de l'environnement, des opérations et des processus, planification de paysages, etc.) répartis sur quatre sites à

Bremerhaven. Notre objectif est de renforcer par nos travaux l'économie régionale et suprarégionale afin de contribuer à moyen terme à la création d'emplois ». Voici comment l'organisme se définit lui-même avant d'ajouter: « Nous apportons notre soutien aux entreprises dans le développement et l'optimisation de leurs produits et de leurs processus de production; nous analysons aussi les composants et les produits et intervenons dans le concept et la réalisation de projets de recherche au niveau régional et suprarégional; nous offrons aussi une prise en charge professionnelle des projets qui va du conseil à la réalisation, de même qu'une gestion de projets de recherche appliquée incluant l'acquisition de ressources régionales, nationales et européennes ».

Un pareil déploiement de moyens a également reçu l'approbation de l'UE au début de 2003. Il s'agissait cette fois d'un projet appelé INICON, abréviation pour « Introduction des technologies innovantes dans la gastronomie moderne pour la modernisation de la cuisine ».

L'Union européenne a apporté 550 863 euros 63 à ce projet de recherche, somme à laquelle plusieurs partenaires industriels ont ajouté 642 811 euros 37.

Dans le cadre du projet INICON, entre le 1er janvier 2003 et le 31 décembre 2005, les chercheurs du TTZ ont développé « une série de formules et de recettes innovatrices (telles que les *food leathers* [cuirs comestibles], les gelées instantanées, chaudes, sucrées, piquantes, etc.) [...], mais ont aussi mis sur pied des méthodes pour aider le cuisinier à faire son choix parmi les ingrédients, les matières premières et les techniques (comme les émulsions multiples)... »

INICON décrit, entre autres, les bases scientifiques d'une technique culinaire que l'on appellera plus tard la sphérification et qui permet, grâce à l'alginate et au calcium, de transformer des aliments en « billes » semi-solides; l'organisme explique aussi comment, à partir des fonds (au goût de paella, par exemple, de gibier ou de jambon) de la société Cosmos Aromática, on peut fabriquer des gelées ou des barbes à papa et comment cuire à basse température, autour de 50 °C, des *cosmofried flavours* au goût de pizza, d'anchois, de barbecue ou de saumon fumé. D'autres résultats de leurs travaux ont trait à l'altération des arômes: le céleri, par exemple, qui possède un large éventail aromatique, est susceptible de rehausser le goût des sauces au fromage. Les arômes de cerise et de noix s'harmonisent également avec celui du fromage, tandis que la pomme et l'ananas rafraîchissent les mayonnaises.

Le recours à la chimie alimentaire est monnaie courante dans le projet INICON. On y lit ceci au sujet des « arômes »:

> **Exhausteurs de goûts naturels, blocage et conservation des arômes**
>
> Le glutamate monosodique (GMS) est l'un des additifs les plus connus et les plus prisés à cause de ses propriétés d'exhausteur de goût. On peut également l'utiliser pour renforcer l'umami (cinquième goût de base: savoureux, charnu). Mais il existe aussi d'autres substances aux propriétés similaires et au goût d'umami, notamment le monophosphate d'adénosine (MPA) et le monophosphate d'inosine (MPI).

Ou encore:

> Les perceptions de chaud et de froid sont avant tout une question de température, mais l'effet rafraîchissant des alcools de sucre (semblables au menthol, sans le strict goût de menthe), tels que l'érythritol, le xylitol ou le sorbitol, peut contribuer à dérouter nos sens. En fondant sur la langue, ces alcools de sucre réduisent l'énergie environnante de 26 à 43 calories par gramme consommé, ce qui génère une sensation de froid. La société CoolTek™ propose une technologie commerciale d'arômes rafraîchissants dont elle assure qu'ils produisent une sensation revigorante de limpidité et de fraîcheur.

On y fait également l'éloge des produits du sponsor Cosmos Aromática: des arômes de grillade de *cosmofried* mélangés à des goûts, par exemple, d'huile d'olive, de saumon fumé, de foie gras, de barbecue, de poulet rôti ou de pizza.

Que ce soit pour y trouver du « faux caviar », des bouchées en forme de sphères, des olives liquides ou de la gelée chaude de langouste, les archives d'INICON sont une véritable mine de tout ce qui se fait aujourd'hui dans les « cuisines moléculaires ».

Le chapitre « Textures » a fait l'objet de soins très particuliers et le fabuleux coffret du chimiste résout la question une fois pour toutes.

Comment travailler avec des hydrocolloïdes et comment former des gelées spécifiques

« Une des difficultés les plus communes que l'on rencontre avec les hydrocolloïdes consiste à disperser correctement la poudre dans les liquides afin d'éviter la formation de grumeaux et de permettre ensuite une distribution homogène de l'hydrocolloïde dans l'aliment en question (première étape) ; puis à opérer une dissolution complète de l'hydrocolloïde dans le liquide pour en assurer le plein fonctionnement (deuxième étape pour l'obtention d'une solution prête à l'emploi). On a tendance à confondre ces deux phases, même si la dispersion et la dissolution requièrent en général des conditions différentes. On pourrait d'ailleurs affirmer : « moins un élément est soluble, plus il est facile à disperser ». Voici deux exemples pour illustrer ces différences :

Hydrocolloïdes	Conditions de dispersion	Conditions de dissolution
Carraghénanes Kappa	Eau ou liquides froid	Températures élevées (60-75 ° C), chauffer tout en remuant.
Cellulose	Eau ou liquides chaud	Basses températures (< 10 ° C) ; conserver au réfrigérateur pendant au moins une heure.

Effet/résultat : la poudre ne forme pas de grumeaux et se disperse (= se distribue) de manière homogène, mais avant d'obtenir une solution prête à l'emploi, il faut la dissoudre. Si l'on employait la dispersion sans la dissoudre, on n'obtiendrait que de médiocres résultats, voire pas de résultats du tout.

Une fois dispersé, l'hydrocolloïde devient soluble et peut déployer tout son potentiel ; la solution obtenue est dès lors prête à l'emploi. Si on délaye directement la poudre dans le liquide en respectant les conditions énoncées, certaines particules se dissoudront directement, certes, mais d'autres vont s'entourer d'une pellicule protectrice qui isolera la poudre de l'eau, entraînant la formation de gros grumeaux.

Aussi faut-il observer scrupuleusement les différentes étapes de la préparation ainsi que les températures indiquées pour cette opération. On peut facilement manipuler et transformer la plupart des hydrocolloïdes, à l'aide d'un mixeur Bamix, par exemple. Mais si, malgré tout, des grumeaux se forment ou si l'on a du mal à préparer des hydrocolloïdes en petites quantités, on peut toujours recourir à la méthode suivante : en mélangeant au préalable l'hydrocolloïde à d'autres ingrédients comme le sucre, on aura une dispersion complète ; si tant est que la recette le permette, on obtiendra les meilleurs résultats en délayant une part d'hydrocolloïde dans dix parts de sucre ; ensuite, on mélangera sans problème le composé hydrocolloïde-sucre dans le liquide au moyen d'un mixeur plongeant. Les batteurs à grande vitesse que l'on utilise dans les laboratoires peuvent venir à bout des grumeaux sans problème et permettent d'obtenir des solutions plus concentrées (un fond, par exemple, qui servira à différents plats) en cas de besoin. Le dosage des hydrocolloïdes est capital et dépend non seulement de la texture souhaitée, mais aussi des autres ingrédients de la recette et du pH de l'hydrocolloïde employé.

Le projet INICON se penche également sur des techniques telles que la sphérification, autrement dit la production de petites billes d'aliments :

Applications possibles et premiers essais à petite échelle avec des hydrocolloïdes		
Hydrocolloïde	Recette testée	Résultat technique
Alginate	Gelée froide	Capsule remplie de liquide

Préparation de la solution d'alginate : à l'aide d'un mixeur plongeant, mélanger 1 g de poudre d'alginate à 100 ml d'eau (bouillon, jus, etc.), puis réserver au réfrigérateur pendant au moins une heure ou toute une nuit jusqu'à la disparition des bulles et la dissolution de l'hydrocolloïde. Préparation de la solution de calcium :

à l'aide d'un mixeur plongeant, mélanger 5 g de poudre lactée de calcium dans 100 g d'eau.

On verse la préparation à l'alginate dans la solution de calcium soit au compte-gouttes (au moyen d'une seringue, par exemple), soit à l'aide d'une cuillère ou d'un petit récipient afin de former des billes ou capsules. Au bout de quelques secondes, on extrait ces capsules du bain de calcium, puis on les rince à l'eau courante pour éliminer toute trace de résidu.

Ces billes et capsules éclatent sous la dent ou peuvent également être tranchées au couteau pour épancher leur liquide.

Exemples d'applications : « faux » caviar (élaboré avec différents jus ou fonds) ; tomates liquides, olives, petits pois ou autres, gelée chaude de langouste, crevettes accompagnées d'une garniture tropicale, etc.

Comme partenaires officiels du projet, on peut également citer les restaurants Grashoff, de Brême, Le Crocodile, de Strasbourg (le partenaire d'origine, La Table d'Anvers, à Paris, a changé de propriétaire), The Fat Duck, de Bray-on-Thames et El Bulli, à Rosas. Ce sont surtout chez ces deux derniers que l'on pratique une cuisine dont les cartes peuvent logiquement inclure les résultats des recherches de l'INICON.

Parmi les partenaires, on retrouve aussi le chimiste français Hervé This. Même si le rapport de conclusion ne le cite pas directement, il mentionne l'INRA où This officie. La presse spécialisée, comme le magazine français *L'Hôtellerie*, a souvent fait référence à INICON et à ses travaux.

Les résultats de ces recherches ont eu tôt fait de s'appliquer dans ces restaurants dont ils contribuent à long terme à faire la renommée ; ils se sont concrétisés dans des plats avec lesquels la presse nous a familiarisés :

Exemples d'applications de la gomme gellane

Gelées chaudes à la chair de crabe ou autre, plats principaux en miniature, gélatine, apéritifs ou soupes en trompe-l'œil (baies flottantes ou épices concassées, etc.).

Billes et capsules qui éclatent sous la dent ou qui épanchent leur liquide quand on les coupe au couteau ; nouvelle texture servant à préparer des gelées chaudes à souplesse variable (tout dépend de l'usage du calcium ou du mélange entre différents types de gomme gellane) ; soupes, assaisonnements, boissons contenant des herbes, des épices, capsules aromatiques qui flottent librement : nouvelle présentation d'aliments liquides.

Exemples d'applications des carraghénanes Kappa

Gelées et plats en miniature comme ceux cités précédemment. Si elles fondent mieux en bouche et sont moins croustillantes, en revanche les préparations de kappa sont moins stables à la chaleur que les plats préparés avec de la gomme gellane, de l'alginate ou les élaborations tièdes faites avec de l'agar-agar.

Gelées et nappages de gel permettant une présentation originale et innovante des aliments (minitapas ou petits fours, par exemple), billes et capsules qui éclatent sous la dent ou libèrent leur contenu liquide quand on les ouvre au couteau.

Exemples d'applications des carraghénanes Iota

Mousses et gelées offrant en bouche une extraordinaire sensation de fondant. Instables à la chaleur, elles supportent par contre la congélation/décongélation : desserts, crèmes glacées, mousses d'accompagnement.

Des gelées qui offrent en bouche une extraordinaire sensation de fondant, mais qui manquent de stabilité à la chaleur par rapport aux préparations faites avec de la gomme gellane, de l'alginate ou servies tièdes avec de l'agar-agar ; des billes et capsules qui éclatent sous la dent ou qui libèrent leur liquide quand on les coupe au couteau ; une présentation éthérée et originale des plats et des menus de dégustation.

Exemples d'applications de l'agar-agar

Gelées, mousses, confitures chaudes ; gelées et nappages de gel que l'on peut servir tièdes ou chauds (jusqu'à 80 °C), confitures tièdes et texture de base pour la mousse, etc., sans agents texturants d'origine animale comme dans la gélatine.

Exemples d'applications de la gomme xanthane

Sauces, nappages de sauce pour des préparations à haut degré d'acidité (vin rouge, vinaigre, réductions, par exemple) et contrôle de la consistance dans un large éventail de températures ; mousses.

Contrôle de la consistance pour des sauces et des nappages de sauce destinés à être servis directement, à absorber de l'eau sans amidon ou à être réchauffés ; présentation originale et éthérée des plats et des menus dégustation.

Exemples d'applications de la cellulose

Garnitures comestibles et aromatisation multiple en nappages, desserts, injections de sauce fondue pour de nouvelles présentations.

Desserts chauds et fondus, présentation originale et éthérée des plats et des menus dégustation ; présentation différente des arômes, aromatisation à l'aide de fines bandelettes ; garniture sucrée ou relevée destinée aux desserts qui ne soient pas trop humides, bonbons ou plats salés.

Prolonger ces indications, en fin de compte, serait superflu. Pour plus d'inspiration, de conseils et de recettes, veuillez consulter le site www.texturaselbulli.com.

Au moment de la conclusion du projet INICON, les Texturas, vendues en boîtes en aluminium très tendance contenant de la chimie alimentaire à l'état pur, étaient déjà sur le marché international.

En août 2008, à la clôture de la rédaction, ni le département compétent de l'UE ni le directeur du TTZ de Bremerhaven n'ont voulu répondre à la question suivante : « Est-il vrai que les chefs cuisiniers ont été payés avec l'argent des contribuables et des industriels pour inclure des produits chimiques dans leurs plats ? Ou bien la somme de 1 193 675 euros a-t-elle été attribuée à des destinataires exclusivement scientifiques ? »

Visiblement, non. L'UE ne dispose d'ailleurs d'aucun rapport de conclusion sur l'usage de ces 550 863 euros 63 prélevés du budget commun. Aux dires de l'attaché de presse Martin Selmayr, cet argent public a été dépensé de la manière suivante (les notes en bas de page contiennent les observations de l'auteur de cet ouvrage):

Projet INICON (IPS-2001-42016)

Voici le détail, par participant, de la totalité des fonds alloués par l'UE, d'un montant de 550 863 euros 63

Partenaires d'INICON	Répartition des fonds (en euros)
TTZ Bremerhaven[1]	145 338,29
TTZ Bremerhaven (coordination)	21 075,98
Écoles Grégoire-Ferrandi[2]	48 636,09
B. Grashoff Nachf. KG[3]	39 054,58
The Fat Duck Ltd.[4]	24 266,40
Restaurant El Bulli S. L.[5]	26 097,57
La Table d'Anvers Sàrl[6]	– 0,31
I & S Industriemobtage und Service GmbH[7]	0,00
Cosmos aromática Internacional S. A.[8]	41 931,59
Iberagar S. A.[9]	20 603,12
Institut national de la recherche agronomique (INRA)[10]	67 211,03
Alpha-tec GmbH[11]	86 666,27
Au Crocodile S. A.[12]	29 973,02
TOTAL	550 863,63

[1] Le TTZ est un institut allemand de recherche situé à Bremerhaven, où a été créée une longue liste de « recettes moléculaires ». Il est parfaitement normal que ce genre d'institut reçoive des financements publics.

[2] Grégoire-Ferrandi est une école française de cuisine destinée aux professionnels.

[3] Grashoff est un restaurant allemand traditionnel. On n'y pratique pas la cuisine moléculaire.

[4] Le restaurant du cuisinier britannique Heston Blumenthal, star de la cuisine moléculaire.

[5] Le restaurant du chef cuisinier espagnol Ferran Adrià.

[6] Le restaurant des frères Conticini à Paris a fermé, puis été vendu lors du développement du projet INICON.

[7] Cette société est installée à Bremerhaven, comme le TTZ, et a été membre organisateur de différents projets européens.

[8] Producteur espagnol d'arômes et de goûts. Autopromotion : « Chez Cosmos, nous créons et fabriquons des arômes ».

[9] Fabricant portugais d'agar-agar et de carraghénanes.
[10] Cet institut français de recherche compte parmi ses chercheurs le chimiste Hervé This, fervent défenseur de la cuisine moléculaire dans différents médias. Il est parfaitement normal que ce genre d'institut reçoive des financements publics.
[11] Société allemande spécialisée dans la fabrication de machines et d'usines industrielles.
[12] Le restaurant du cuisinier français Émile Jung à Strasbourg, où le recours à la cuisine moléculaire n'était que très sporadique : de temps à autre surgissait un dessert préparé à l'azote liquide. Depuis août 2009, le restaurant appartient à Philippe Bohrer, ex-cuisinier privé de Valéry Giscard d'Estaing et François Mitterrand à l'Élysée. Il ne fait pas partie des „moléculaires".

Ce qui frappe tout d'abord dans ce rapport, c'est la largesse dont l'école française de cuisine Grégoire-Ferrandi a bénéficié. Cette subvention aurait-elle servi à familiariser, dès leur apprentissage, les professionnels avec les additifs alimentaires ?

On remarque aussi que les deux restaurants qui précisément ont tiré le plus de profit des recherches du TTZ, autrement dit El Bulli en Espagne et The Fat Duck en Angleterre, les deux icônes de la cuisine moléculaire, n'ont perçu finalement qu'une aide relativement modeste. Cela dit, des sommes inférieures provenant des financements européens ou publics ont posé de vrais problèmes aux hommes et femmes politiques et personnages publics, surtout dans les pays du nord de l'Europe. Même si le financement était obtenu dans un cadre tout à fait légal, il fallait souvent expliquer, pourquoi tel ou tel personnage connu s'est enrichi grâce aux fonds publics. L'enrichissement sur le dos du contribuable est, selon le pays, perçu comme un vol par la population, surtout dans une période ou tous les gouvernements nous répètent sans cesse que les caisses sont vides.

Un restaurant comme le Grashoff de Brême (Allemagne), qui ne sert ni n'a jamais servi de plats moléculaires, a reçu davantage d'argent des fonds publics que les apôtres moléculaires. Pourquoi ? S'agissait-il de recruter de nouveaux partenaires en Allemagne pour donner au projet une ampleur européenne ?

Quant à l'INRA, Hervé This tient à préciser dans son blog que sa « participation à ce programme a consisté à explorer la salade de pommes de terre ».

Sur l'origine et la destination des fonds provenant de l'industrie, pas moins de 642 811 euros 37, il ne faut guère s'attendre à la moindre explication de la part de l'UE. Qui a contribué à la « cagnotte » ? À hauteur de combien ? Qui a perçu cet argent ? Pourquoi ?

Seule mention dans les documents officiels: « La participation de l'UE par rapport au coût global (1 193 675 euros) s'élève à 46 %; le reste a été apporté au projet par d'autres intervenants ».

Selmayr, l'attaché de presse, renvoie l'interlocuteur aux conclusions de la distribution des ressources européennes, tout en expliquant: « C'est tout ce dont nous disposons ». Le projet, comme je l'ai dit plus haut, s'est finalisé en 2005.

Extraits du rapport général de conclusion du groupe d'experts indépendants:

> On peut conclure que le projet a été rentable pour la CE, étant donné que celle-ci a accordé une somme d'un montant approximatif de 0,5 million d'euros sur une période de trois ans, durant laquelle ont été découverts et étudiés des modes de transfert de technologies et des connaissances tout à fait innovatrices…
>
> Les activités de dissémination ont constitué l'un des aspects les plus avantageux de ce projet. Tous les produits découlant de ces activités sont d'une qualité et d'un niveau irréprochables.
>
> Fournis en grandes quantités, les produits étaient de bonne qualité, à tel point que l'on en a tiré de précieux paradigmes et/ou des enseignements profitables à l'avenir. Les « modules » de la Gastronomie, la Texture et l'Arôme Moléculaires étaient excellents.

Selmayr ne précise pas le nom du membre de la commission d'experts indépendants qui a rédigé un tel panégyrique de la gastronomie moléculaire.

Autre curiosité du projet INICON: jusqu'à la mi-2008, on pouvait consulter les résultats de ces recherches en partie financées par les deniers publics sur le site Internet www.INICON.net. Mais à la suite du débat public qui s'est produit à propos des additifs et des applications du projet INICON en juillet/août 2008, il n'a plus été possible d'accéder à ce site. À la place, on tombe sur un message d'erreur qui prétend que le site est « en construction », ce qui est toujours le cas en septembre 2009. Le propriétaire du domaine Internet est un certain Matthias Kück, du Centre de transfert des technologies de Bremerhaven. Sous l'adresse du Centre de transfert des technologies figure aussi la signature d'un distributeur de produits chimiques alimentaires appelé Biozoon. Biozoon offre: « l'accès idéal à la gastronomie moléculaire ». Un de ses gérants est précisément Matthias Kück.

Le projet INICON a-t-il accéléré ou favorisé la diffusion de la chimie alimentaire dans le domaine de la haute gastronomie aux frais du contribuable européen ?

Certains indices le prouvent. Dans le deuxième livre de cuisine d'Adrià, *Los Secretos de El Bulli*, la chimie alimentaire n'était pas présente; à sa place, on employait des gélatines sous toutes ses formes.

En 2007, le projet INICON suscite la méfiance de l'eurodéputé espagnol Raül Romeva i Rueda (Verts/ALE). Il adresse donc la lettre suivante à la commission européenne :

> « Certains secteurs de la gastronomie manifestent leur inquiétude quant au cofinancement, par l'Union européenne, d'un projet de recherche sur la cuisine scientifique baptisé INICON, auquel participent certains restaurants dits de haute cuisine, ainsi que des organisations de recherche agronomique et des entreprises de l'industrie agroalimentaire.
>
> La restauration a toujours été traditionnellement un métier d'artisans, où le choix de produits de qualité est essentiel pour l'élaboration du produit final. Il semblerait que les grandes sociétés du secteur agroalimentaire voient dans la haute gastronomie une occasion de pénétrer le marché et une possibilité de rendre leurs produits plus visibles en les associant à des établissements de renom, ce qui leur permettrait de gagner en crédit et même en prestige auprès de l'ensemble des consommateurs.
>
> Quoi qu'il en soit, il conviendrait de tenir compte du droit des consommateurs à choisir librement les produits qu'ils souhaitent acquérir, ce qui n'est possible que si l'on dispose d'informations pertinentes. Ainsi, les consommateurs achetant des produits dans des établissements commerciaux peuvent-ils s'informer grâce aux

indications affichées sur les emballages, alors que les clients des établissements de restauration ne disposent pas de ce type d'informations. Par ailleurs, bon nombre des restaurants dits de haute cuisine ont l'habitude de vendre des compléments alimentaires à des restaurants de moindre importance, lesquels, ne disposant pas des informations adéquates sur les risques que présentent lesdits produits pour la santé du consommateur, ne sont pas en mesure de les fournir, d'où un effet multiplicateur concernant le nombre de personnes potentiellement concernées.

Aussi, si l'utilisation de fonds publics se justifie parfaitement dans le cas de la recherche scientifique, en l'occurrence, en revanche, la question qui se pose est de savoir à qui il incombe de contrôler ces projets dans le secteur agroalimentaire. Quels sont les objectifs poursuivis ? Quels mécanismes de fonctionnement établit-on ? À qui ceux-ci peuvent-ils profiter ? À cet égard, il est primordial que la société dans son ensemble en soit la principale bénéficiaire.

Compte tenu de ce qui précède : quels sont les objectifs de ce projet par rapport à la société ?

Compte tenu par ailleurs des participants au projet INICON, lesquels sont pour une large part des restaurants que l'on pourrait qualifier d'élitistes ainsi que de grandes entreprises du secteur de l'agroalimentaire, à qui ce projet aurait-il la plus grande chance de profiter ?

S'agissant des droits des citoyens, quels mécanismes la Commission propose-t-elle de mettre en place afin de veiller à ce que les consommateurs disposent des informations adéquates sur les produits qu'ils consomment, y compris dans les établissements de restauration ? »

La réponse, sous la signature de Viviane Reding, commissaire, donne d'intéressantes précisions : « Le projet INICON a été financé dans le cadre du programme communautaire européen "Promotion de l'innovation et l'encouragement à la participation de PME" (1998-2002). L'objectif d'INICON était de transférer la technologie et les avancées de la science alimentaire des chercheurs et de l'industrie alimentaire vers le domaine culinaire. Pour y parvenir, INICON a fourni de nouvelles techniques culinaires, des outils adaptés et des informations sur des ingrédients et des additifs. »

> [The INICON project was funded within the European Community programme 'Promotion of innovation and encouragement of SME participation' (1998-2002). The objective of INICON was to transfer cooking technology and advances in food science from researchers and food industry to the kitchen. To achieve this, INICON provided new cooking techniques, with related tools and information on ingredients and additives.]

Mme Reding rappelle aussi que les recettes d'INICON peuvent être utilisées dans des restaurants ou bien chez soi, à la maison. Et elle nous informe que les bénéficiaires directs du financement communautaire ont été les participants, c'est-à-dire entre autres les chefs.

Elle explique que l'affichage des additifs au restaurant n'est pas sous la responsabilité de l'UE, mais des différents pays membres. Une phrase pourtant soulève une grave question. INICON aurait produit, précise-t-elle, des « fichiers sur les additifs naturels ». Mais qu'y a-t-il de naturel dans les additifs, développés pour la plupart pour les besoins de l'industrie agroalimentaire ? On regardera la question un peu plus tard en détail…

Depuis INICON, les fonds publics sont en vogue chez les cuisiniers d'avant-garde.

C'est surtout le miracle culinaire espagnol qui semble en permanence avoir besoin de financement : en juillet 2009 le président espagnol José Luis Rodríguez Zapatero a de nouveau ouvert les poches des contribuables pour aider la gastronomie de son pays. Selon le journaliste Fernando Huidobro, neuf millions d'euros attendaient d'être distribués dans le cadre du plan *Promoción internacional del turismo gastronómico* (« Promotion internationale du tourisme gastronomique »). Toujours selon la même source, les chefs triples étoilés Ferran Adrià et Juan Mari Arzak étaient invités pour discuter de ce sujet avec Zapatero. Apprendra-t-on qui a reçu combien d'argent ?

Certains pays ont la gastronomie qu'ils ont bâtie grâce au travail de générations de cuisiniers. D'autres pays ont la gastronomie qu'ils ont fait payer par les contribuables.

Et qui payera pour faire à l'avenir du « moléculaire sans additifs » ? Le contribuable européen, bien sûr. « Je pense qu'avant tout, l'avenir, c'est surtout les vrais produits, les produits bons pour la santé. Pour cela nous avons besoin d'un vrai choc culturel… Je pense que cette prise de conscience sera planétaire… » disait par exemple le grand chef Marc Veyrat au magazine *Références Hoteliers-Restaurateurs* en septembre 2008. « Dans la cuisine de demain, certains gélifiants devraient être interdits au même titre que d'autres produits hydrogénés ou transgéniques. Dans un proche avenir, je vais ouvrir un laboratoire de recherche (financé par l'Europe). » Il apporta plus de précision en février 2009, dans le même magazine : « Ce projet comprend la création d'un restaurant biologique en pleine forêt à quelques minutes de Prague (à Beroun), d'un hôtel, d'une école de cuisine professionnelle et d'un laboratoire de recherche moléculaire sur les plantes. Dénommées L'Auberge de la Clairière (Hospody na mytinkach), les différentes bâtisses seront conçues de bois et de briques en terre sèche et élaborées par un des grands spécialistes tchèques d'architecture écologique, Petr Suske ». Après avoir financé l'entrée des additifs dans les cuisines, l'Europe financera-t-elle maintenant la cuisine moléculaire « bio » ?

Et pourquoi la totalité des hommes et femmes politiques de tous les États se plaignent-ils constamment que « les caisses sont vides » alors que l'UE arrose une petite élite des chefs avec l'argent du contribuable ? Certains journalistes gastronomiques ont tenu à me répondre qu'il ne s'agit que de « quelques petits millions d'euros ». Le problème, c'est que tout le monde en veut.

CHAPITRE V

L'inquiétant monsieur This

Ses ouvrages ont attiré l'attention sur la place de la science en cuisine. Si Hervé This emploie d'ordinaire le ton de la plaisanterie pour conjuguer plats classiques et connaissances scientifiques, en présence d'un public spécialisé en revanche, ses propos prennent une tout autre tournure. « Cuisiner avec des arômes artificiels ? Avec des additifs alimentaires ? Avec des colorants ? » s'interrogeait-il en mars 2005 dans *La Revue trimestrielle du réseau Écrin 59*. Dès le premier paragraphe, il apparaît clairement que ces questions sont purement rhétoriques.

> « [...] j'espérais connaître l'époque où nous cuisinerions avec des molécules déterminées : de la bêta ionone pour obtenir un goût de violette [...], du 1-octène-3-ol pour avoir un merveilleux arôme de sous-bois... J'imaginais que cette époque serait lointaine [...]. Mais je me trompais. Nous y sommes. Notamment parce que je ne cesse de militer pour ce but et que les faits ont prouvé que le militantisme se révèle efficace, quand sa rhétorique est adaptée. Ainsi, dans le Grand Livre de cuisine d'Alain Ducasse [...], le jus de citron, classiquement utilisé pour éviter le brunissement des végétaux, est (enfin ! Je le réclamais depuis deux décennies) remplacé par de l'acide ascorbique... »

Le bureau d'Alain Ducasse dément catégoriquement cette information: « Nous ne travaillons pas avec Hervé This ni n'appliquons aucunement ses méthodes dans nos restaurants ou nos écoles de cuisine », assure l'attachée de presse Emmanuelle Perrier. « Si nous avons collaboré en partenariat avec une société suisse d'arômes que This se plaît à mentionner, cette collaboration n'avait pour but que la création d'une bougie aromatique; elle n'a jamais porté sur aucun plat. » Hervé This étaye volontiers ses théories de noms éminents et, s'il le faut, se passe même du consentement des intéressés.

En 2006, This met sur pied la fondation Science et culture alimentaire. Parmi ses partenaires, on trouve le Syndicat national des producteurs d'additifs (SYNPA) ainsi que la société Diana qui propose entre autres une « gamme aromatique » avec extraits de viandes et produits marins sous forme liquide concentrée ou en poudre ou extraits de cartilage ainsi qu'une « gamme pour animaux de compagnie avec arômes, viandes de volaille, extraits nutritionnels. Diana Ingrédients est leader mondial des facteurs d'appétence pour le *pet food* et a pour principal actionnaire le fonds d'investissement AXA Private Equity.

Parmi les autres donateurs, on trouve le centre Jean Ferrandi, Yoplait et le Club des métiers de bouche.

Au cours d'un chat sur le site l'*Internaute*, un usager a posé au chimiste This la question suivante : « Les additifs chimiques peuvent-ils être remplacés par d'autres ingrédients naturels ? »

> Réponse : « Question difficile. Il y a des milliers d'additifs différents. Avec des fonctions différentes. Mais, par exemple, la chlorophylle (qui donne la couleur verte) est extraite de végétaux, alors qu'elle est classée dans les additifs.
>
> » Et puis, êtes-vous sûr d'aimer le « naturel » : avez-vous déjà vu des frites dans les arbres ?
>
> » Je vous propose d'éliminer de vous tout ce qui est "artificiel" : lunettes, plombages, vêtements, maison, etc. et ordinateur (pas dans les arbres, non plus) ; il ne vous restera qu'à mourir, comme nos ancêtres, vers l'âge de trente ans. »

La dernière phrase, surtout, mérite qu'on s'y arrête. Doit-on supposer comme This que la seule option à la chimie alimentaire est une mort prématurée à trente ans ? Mauvaise nouvelle pour les producteurs de bioalimentation. De fait, Hervé This doute des capacités de la nature à nous pourvoir en aliments.

Conclusion de This rédigée en termes quelque peu grossis: la nature en cuisine tue, la chimie en cuisine sauve. Ce qui peut être vrai pour les méthodes de conservation les plus diverses. Ce qu'il ne dit pas, par contre, c'est que la nature, dans sa méchanceté, aurait dû au cours des deux cent mille dernières années liquider l'espèce humaine à coups de racines, de tiges et de légumes crus.

Il met sur un même plan la cuisson des aliments et l'orgie des additifs dans la cuisine moléculaire. Mais il y a une différence de taille. Aussi bien la cuisson que les aliments sont naturels. Les additifs, eux, ne sont pas présents dans la nature. On les a développés depuis quelques décennies afin de pourvoir aux besoins de l'industrie alimentaire. L'auteur allemand de best-sellers Hans-Ulrich Grimm (*Die Suppe lügt* [Arômes dans votre assiette]) l'explique en citant l'exemple d'un additif anodin, le xanthane.

> Le xanthane n'existe pas dans la nature. On a fabriqué cette substance ex professo à partir d'excréments de bactéries que l'on manipulait génétiquement de temps en temps. Le xanthane a été créée spécialement pour satisfaire les besoins de l'industrie alimentaire. Cette substance, personne au monde ne l'avait mangée auparavant. C'est, pardonnez l'expression, de la crotte de bacille.

Substance dont Hervé This raffole apparemment. Elle ne provient pas de la nature. Or les choses, avec This, ne sont jamais aussi simples qu'elles paraissent. C'est un homme qui aime le défi intellectuel, l'esprit vif; quelqu'un qui aime repousser de temps en temps les limites du conventionnel ou du « gastronomiquement correct ». Hervé This est capable déconstruire en moins que cinq phrases la légende du « cinquième goût », l'umami, pourtant lancé et alimenté à grands efforts financiers par les départements des relations publiques des fabricants de glutamate de monosodium: « Cette saveur n'est pas élémentaire, puisqu'elle est le mélange de la saveur de l'alanine et de l'acide glutamique… Au total, la saveur umami n'a donc pas de raison d'exister » (sur son blog: hervethis.blogspot.com). Il est aussi capable de présenter ensemble avec le grand chef français Pierre Gagnaire en 2009 à Hongkong un plat entièrement synthétique à base de glucose, fructose, amylose.

Dans la terminologie de This, il y a la « gastronomie moléculaire » qui explore la cuisine avec les moyens de la science. Et il y a la « cuisine moléculaire » qui met en application ces nouvelles connaissances. This a donc raison quand il dit que tous les chefs et critiques vont devoir vivre jusqu'à la fin de leurs jours avec la gastronomie moléculaire. Effectivement, maints projets de recherches peuvent nous aider à mieux comprendre la température idéale de cuisson d'un plat, la structure aromatique d'un produit ou notre façon de percevoir le goût.

En ce qui concerne la gastronomie moléculaire, ses articles semblent s'intégrer dans une subtile stratégie de communication. Pour convaincre le public de cette argumentation, il procède tout d'abord par des assertions pleines de bon sens: « En cuisine, rien n'est naturel. La cuisine, c'est la transformation: on cuit, on rôtit, on frit, on réchauffe, on refroidit ». De fil en aiguille, au gré des comparaisons, il amène son lecteur vers la conclusion: « Puisque rien n'est naturel, on devrait se réjouir que l'additif alimentaire vienne enrichir les cartes des restaurants ». Il en appelle en même temps à l'*éthos* professionnel des cuisiniers. À la devise « La bonne cuisine se fait avec de bons ingrédients. Les bons ingrédients conservent leur propre goût », il réplique: « Le chef cuisinier crée le goût au lieu de le subir ». Transformer le cuisinier en inventeur plutôt qu'en serviteur de la nature est chose tentante. Le goût des aliments naturels est effectivement un impondérable qu'il nous faut bien subir. Tributaires des saisons, les fruits ne sont pas toujours sucrés, ils sont parfois acides, parfois amers; le fromage, en fonction du fourrage de la vache, sera plus ou moins crémeux. Des aléas qui, aux yeux de This, semblent aussi intolérables que les pépins dans les oranges, dont il souhaite d'ailleurs nous prémunir grâce à la création d'un « succédané d'orange ».

Dans le cadre de cette stratégie de communication, Hervé This ainsi que d'autres défenseurs de la cuisine moléculaire aiment présenter la chimie alimentaire comme une « diète traditionnelle » – ce qu'on appelle en France la « cuisine du terroir ». Certains cuisiniers par exemple vous proposent sur leurs cartes un « œuf onsen ». Les *onsens* japonais sont des bains en plein air d'eau de sources naturellement chaudes. Parfois, on y cuit des œufs pendant environ une heure. C'est simple et pas cher. Bien évidemment, le cuisinier européen ne dispose pas d'un onsen, il cuit son œuf entre 62 °C et 68 °C, mais se vante devant les clients de maîtriser une « méthode de cuisson japonaise, vieille de mille cinq cents ans ». Ce que lui permet de facturer son œuf entre trente-cinq et soixante-huit euros. En communication tout cela sonne toujours mieux que la phrase « on va vous faire cuire un œuf à la moléculaire ». Bref, c'est de la manipulation à petite échelle: l'œuf qui sort de la source chaude semble plus vendeur que l'œuf qui résulte d'une maîtrise de la température.

Depuis qu'on associe le « moléculaire » avec l'additif, les chefs redoublent d'efforts pour camoufler leurs méthodes en « cuisine traditionnelle ».

This l'explique dans son chat sur l'*Internaute*: « Qui donc a introduit l'azote liquide en gastronomie ? Quelles innovations cette introduction a-t-elle apportées ? » demande-t-on au chimiste. Réponse:

> J'ai présenté la glace à l'azote liquide en 1984 [...] et mes amis de la société Air liquide, à qui je prédisais des ventes, rigolaient doucement. Aujourd'hui, une filiale spécialisée se crée. Ce que je ne savais pas, c'est que la première personne à avoir utilisé de l'azote liquide pour faire des glaces était une femme, en... 1907 ! Juste quand l'azote liquide a été produit en quantités notables. Donc, finalement, je ne peux être crédité que d'une chose : avoir montré que l'azote liquide fait des merveilles. Les cristaux de glace formés sont bien plus petits qu'à la sorbetière, d'où une sensation de velours en bouche.

« Une femme », donc, a utilisé de l'azote liquide en 1907 pour fabriquer une glace. Azote liquide en cuisine = cent ans de tradition. Et la tradition, c'est du bon, non ?

Mais This a raison, la société Air liquide, et d'ailleurs la société Linde, enregistrent une demande croissante d'azote liquide. Un chef allemand de vingt-quatre ans a perdu ses deux mains dans l'explosion d'une bouteille d'azote le 13 juillet 2009, en préparant un dîner pour sa petite amie. Selon le *Berliner Morgenpost*, le jeune homme voulait essayer la cuisine moléculaire. La police criminelle a retrouvé sur place les restes d'une bouteille d'azote, des restes de vêtements, de chair et de peau. Bref: un accident tout à fait classique, comme il en arrive régulièrement avec l'électricité et le gaz… et maintenant avec l'azote.

Malheureusement, il y a deux failles dans la stratégie de communication de This: les chefs de cuisine confondent la science pure, la gastronomie moléculaire, avec son application en cuisine. L'exploration de la cuisine avec les moyens de la science peut produire de vrais résultats novateurs, mais introduire dans nos assiettes le catalogue des additifs des derniers soixante-dix ans n'est guère novateur.

This se trouve aussi freiné par le corporatisme des cuisiniers. Les « seigneurs des fourneaux » semblent mal supporter que ce ne soit pas un des leurs qui ait inventé le « moléculaire ». En désignant Hervé This comme « père intellectuel du mouvement moléculaire » pendant une conférence en Allemagne en septembre 2008, je me retrouvais face à une foule de chefs râleurs: « C'est pas This, c'est Adrià », hurlaient-ils. Quant à Ferran Adrià, il a déclaré à maintes reprises qu'il ne sait pas ce que c'est, la cuisine moléculaire. Heston Blumenthal disait même au quotidien britannique *The Guardian* que la gastronomie moléculaire est morte. Son argument pour le décès est un peu faible: « "Moléculaire" donne l'impression que c'est compliqué. Et "gastronomie" donne l'impression que c'est élitiste ». On prend les mêmes recettes, mais on cherche un nouveau terme, plus vendeur. Bienvenue dans le merveilleux monde de la communication et des relations de presse.

Effectivement, la gastronomie moléculaire ne peut mourir tant qu'il y a des scientifiques qui font des recherches sur les goûts et les textures, la cuisson et les produits. Il n'est d'ailleurs pas du tout souhaitable qu'elle meure un jour, car sans science, point de progrès.

Les deux chefs qui disent ne pas connaître la gastronomie moléculaire – et beaucoup d'autres – utilisent cependant avec enthousiasme des idées du répertoire de This. Et certains le pervertissent, faute de base de savoir scientifique.

Car ce n'est pas parce qu'un scientifique explique de quelle façon on peut utiliser un additif qu'il faut le surdoser et le mettre à toutes les sauces. Il existe une différence entre « savoir » (au sens qu'un scientifique connaît son sujet) et « faire » (au sens de reproduire des gestes sans comprendre exactement pourquoi).

This n'en reste pas moins suffisamment scientifique pour formuler correctement ses questions. C'est ainsi qu'il écrit toujours dans la *Revue trimestrielle du réseau Écrin 59*:

> [...] les molécules sous une forme concentrée sont souvent toxiques [...]. De ce fait, il incombe aux États de trouver un moyen d'encadrer de telles utilisations *(en cuisine)*. Que devront marquer les cuisiniers sur leurs cartes ? [...] Quels produits pourront être autorisés à la vente, soit dans les restaurants, soit dans les épiceries fines ou en grande surface ? »

Puis une interrogation d'ordre éthique: « La cuisine, perçue comme naturelle, peut-elle verser dans l'emploi de composés considères comme artificiels ? »

Une question à laquelle s'il s'empresse de répondre lui-même:

> Évidemment, la cuisine n'est pas naturelle, puisqu'elle suppose une transformation des aliments ; les composés considérés comme artificiels [...] ne sont pas différents en nature des mets et de leurs ingrédients (les végétaux et animaux que nous consommons aujourd'hui sont le fruit d'une longue domestication, donc de dénaturation).

À ses yeux donc, la domestication d'un veau se situe sur le même plan que le développement en laboratoire d'un additif alimentaire. Et c'est ainsi que le chimiste expédie le problème des questions éthiques... pour cette fois. Car la question reste posée, par exemple dans la conférence d'Hervé This du 14 juin 2006: « Quels ingrédients pour la cuisine, aujourd'hui ? » sous-titrée comment orchestrer les additifs alimentaires dans la cuisine « *note à note* » ?

> En commun, ces deux cuisiniers [Ferran Adrià et Heston Blumenthal] ont d'utiliser des résultats de la gastronomie moléculaire ;

> ils sont aujourd'hui considérés comme les représentants principaux de la « cuisine moléculaire ». Perles d'alginates, utilisation d'azote liquide pour la confection de glaces et de sorbets, utilisation d'évaporateurs rotatifs, de centrifugeuses, de seringues, de méthylcellulose, d'amidons modifiés, de monoglutamate de sodium, de carraghénanes, de gommes variées... caractérisent leur cuisine, devenue « à la mode »...
>
> Évidemment, cette nouvelle tendance bouleversera la réglementation. Si les "huiles essentielles" s'introduisent en cuisine (elles sont vendues sur des marchés, sur l'île de la Réunion, par exemple), les risques d'exposition à des concentrations élevées en certaines molécules dont la toxicité est bien connue (estragol, etc.) devront être maîtrisés et encadrés. Comment ? Et si se généralise l'usage de produits aujourd'hui considérés comme des additifs (l'acide tartrique, par exemple), quelle réglementation s'appliquera aux diverses formes de la restauration ?
>
> Les sociétés qui produisent ces produits verront des marchés s'ouvrir, mais, si elles parviennent à organiser la distribution au détail de ces produits, comment l'usage des mêmes produits dans l'industrie alimentaire sera-t-il encadré ?... Il est temps de les considérer à la lumière des connaissances scientifiques, et aussi de lancer de nouvelles recherches scientifiques pour mieux comprendre les questions sanitaires posées.

Eh oui, cette nouvelle tendance bouleverse actuellement la réglementation et accessoirement nos estomacs. This peut se permettre de formuler de temps en temps une autocritique sans porter ombrage aux partenaires de sa fondation. C'est même son rôle de scientifique. On pourrait dire que ses efforts d'explorer la gastronomie moléculaire ont le seul défaut d'être en partie tombés en de mauvaises mains. Des chefs de cuisine utilisent ses livres et ses travaux pour se présenter en « inventeurs » – statut que ce chimiste n'a jamais revendiqué pour lui. Ces mêmes chefs se voient aussi comme « chercheurs ». Hervé This est un chercheur, les chefs n'ont pas la formation pour l'être. Ils ont « cherché » des recettes, appliquant les techniques de livres tels que *Les Secrets de la casserole*.

En rejetant en bloc la terminologie de This (censée être une base pour comprendre la gastronomie moléculaire) ainsi que son rôle dans le mouvement moléculaire, les chefs se privent d'une opportunité : au lieu de comprendre les réactions chimiques derrière certaines applications dites moléculaires, ils ne font que les reproduire.

À la réponse du scientifique « Que devront marquer les cuisiniers sur leurs cartes ? » ils ont trouvé une réponse simple : « Rien du tout. On n'informe pas le client ».

Quand This parle de possibilité d'employer certains additifs en cuisine, les chefs pensent rentabilité : pourquoi ne pas remplacer des ingrédients coûteux avec des celluloses et des alginates bon marché – en plus, ça fait joli sur les photos. Quand This demande à une école hôtelière d'inclure le « moléculaire » dans ses cours, elle va en conséquence supprimer d'autres cours sur la cuisine traditionnelle ou la découpe des viandes et des poissons. Après tout, on ne pourra pas rallonger l'année scolaire.

Bref: c'est la rencontre directe du monde académique, qui cherche le savoir avec le monde « réel » qui cherche le profit rapide.

L'inventivité de la plupart des chefs moléculaires se limite bien souvent à pousser le dosage des additifs alimentaires pour des effets plus spectaculaires. Quant au vocabulaire de leurs agents en relations publiques, c'est exactement le contraire de ce que la gastronomie moléculaire devrait être: ces chefs sont des génies, des philosophes, voire des magiciens. C'est une mystification à grande échelle, reprise sans question par la plupart des journalistes gastronomiques affamés de nouvelles. Avoir démystifié la magie est un des grands mérites de la science. Le refus des chefs moléculaires de discuter publiquement leurs méthodes, d'afficher la liste des additifs dans leurs plats est le contraire du travail scientifique.

Mais le monde de la restauration est compétitif: il faut soit beaucoup de travail, soit beaucoup de mystifications et de relations publiques pour trouver aujourd'hui une place dans le Panthéon des chefs. Beaucoup de maîtres de fourneaux ont opté pour une deuxième possibilité.

Hervé This semble d'ailleurs être parfaitement au courant de ce qui se passe dans ces soi-disant cuisines d'avant-garde: « Je ne peux pas être responsable de productions culinaires de la cuisine moléculaire, parce que la "généralisation" est une faute, dit-il dans son blog en avril 2009. De même que tous les Alsaciens ne sont pas disciplinés, que tous les Auvergnats ne sont pas avares, que tous les etc., il y a la bonne cuisine moléculaire et la mauvaise. Comment vouloir prendre la défense de ce qui est mauvais ? »

Et si la mauvaise cuisine moléculaire était le courant le plus médiatisé ces dernières années ? Si un petit nombre de chefs en soif de reconnaissance et d'argent étaient en train de donner mauvaise réputation à une discipline scientifique qui pourrait nous surprendre, voire enrichir notre quotidien dans les années à venir ?

En ce moment, le dialogue entre science et cuisine existe dans les laboratoires, mais non dans les cuisines des restaurants. Le dialogue entre cuisine et chimie, c'est un monologue où les cuisiniers servent tout, absolument tout ce que les laboratoires chimiques peuvent leur offrir. Et malheureusement, ils sont aussi grassement servis par des gens qui se déclarent proches d'Hervé This. Ces derniers tentent, comme il l'a prédit, d'organiser la distribution au détail de ces produits pour voir des nouveaux marchés s'ouvrir.

Les drôles de dames du moléculaire

« Ingénieur en agroalimentaire et docteur en gastronomie moléculaire. » Docteur en gastronomie moléculaire… C'est en cette qualité qu'une jeune dame de la région de Dijon, Anne Cazor, signe ses lettres. Madame Cazor se consacre surtout à la vente d'additifs alimentaires aux cuisiniers. Elle participe aussi à des congrès de gastronomie et donne des cours. Pour six cents euros par jour (et une journée de travail sur son site dure six heures), elle explique aux cuisiniers les applications de la chimie alimentaire. Où et comment devient-on « docteur en gastronomie moléculaire », elle n'a pas voulu nous le dire quand nous lui avons posé la question. À en croire son site Internet, cette curieuse promotion s'est produite sous la direction d'Hervé This.

Le jour où Santi Santamaría a critiqué l'utilisation exagérée de la chimie alimentaire dans les restaurants, madame Cazor a envoyé un communiqué aux cuisiniers et à la presse. À en juger par le ton, c'était le début de la Troisième Guerre mondiale. « Santi Santamaría vient d'attaquer la cuisine moléculaire par voie de presse, accusant Ferran Adrià de servir à ses clients plusieurs grammes de méthylcellulose et autres additifs néfastes à la santé… Pour répondre à cette attaque grave, vous trouverez en pièce jointe des informations qui vous permettront de vous faire un avis. » Ci-joint également, une liste de ses produits. « L'arsenal de l'industrie chimico-alimentaire… est ici proposé avec la garantie scientifique d'une docteur en gastronomie moléculaire », disait le critique gastronomique Jean-Paul Gené dans son article « L'Additif passe mal », publié en 2009 dans *Le Monde 2* à propos de Mme Cazor. « Il faudra un jour expliquer pourquoi ceux qui commencent par utiliser les produits de l'industrie chimico-alimentaire finissent par les diffuser dans le commerce et par devenir les agents objectifs de celle-ci. »

Pendant que Mme Cazor vend des additifs et des conseils aux chefs, son amie Odile Renaudin propose conférences et cours de cuisine sur son site Internet, www.sciencesetgastronomie.com, où celle-ci fait aussi la promotion d'Hervé This. Pour 2008-2009, les dames nous convient à un concours: « Cuisiner avec de la méthylcellulose », une substance que notre corps ne peut digérer. Tout est rose dans ce pays de l'additif, qui, selon Mme Renaudin représente une source potentielle d'innovations culinaires: « Pour la première fois, des centaines de personnes vont travailler conjointement avec ces additifs mis gratuitement à leur disposition. Elles pourront confronter leurs expériences, raconter leurs déboires, mais aussi présenter leurs succès ». Eh oui, la première dose est gratuite… Il y a même un lien tout mignon vers un article nommé « Les Additifs alimentaires, le philosophe et le petit lapin » qui nous explique que les premiers additifs sont séculaires: sel, salpêtre ou colorants sont d'usage depuis environ vingt siècles et même avant ! Le sel n'est pas classé comme additif, quant aux colorants, ils coloriaient plutôt les vêtements de nos ancêtres que leurs repas.

Mme Renaudin signe ses articles sur les additifs alimentaires du sceau de l'association Enfance & nutrition. Dans la lettre d'informations d'Anne Cazor, on lit que de nombreux additifs ne sont pas autorisés aux enfants de moins de six ans: « La limitation relative aux enfants de moins de six ans, elle s'applique à un grand nombre d'additifs (gommes et autres) qui ne sont pas autorisés dans le *baby food* ».

Tiphaine Campet a également travaillé avec Anne Cazor. Son curriculum mentionne un stage à El Bulli et une performance avec « deux doctorants d'Hervé This ». Cela suffit à faire de cette jeune femme de vingt-six ans, dont l'art se fonde également sur le recours à l'additif alimentaire, une « chercheuse et créatrice culinaire » pour le journal *L'Hôtellerie*. Son objectif est d'offrir aux cuisiniers et aux entreprises des classes de soutien en cuisine moléculaire. Ces derniers auront toujours besoin de cours, car perles d'alginates, azote liquide, méthylcellulose, amidons modifiés, monoglutamate de sodium, carraghénanes et gommes variées ne sont de loin pas les seules substances qui se trouvent sur nos assiettes au restaurant....

Chapitre VI

La pharmacie du chef de Soylent

*« **Additifs (alimentaires)** [...]. On les utilise beaucoup dans l'industrie alimentaire, mais peu en cuisine à cause de leur relative mauvaise réputation. »*

Léxico científico gastronómico – Das wissenschaftliche Lexikon der Gastronomie, Fundación Alícia, El Bulli Taller (Albert & Ferran Adrià), Hampp Verlag 2007.

Vous vous souvenez du film *Soylent Green* (*Soleil vert*), de Richard Fleischer, sorti en 1973 ?

En l'an 2022, la Terre est victime de sa surpopulation. Tout a disparu, les fruits, les légumes, la viande. Si l'on en trouve encore, c'est à des prix prohibitifs. Un pot de confiture de fraise vaut cent cinquante dollars. Plus de la moitié de la population est alimentée par la multinationale Soylent Corporation. Le nom signifie « soja » (*soy*) et « lentilles » (*lent*). Les gens se nourrissent de Soylent Red et Yellow, « concentrés de légumes hautement énergétiques », élaborés avec les ingrédients qui portent le nom de la société. Mais il existe aussi d'autres tablettes, les Soylent Green, dont on dit officiellement qu'il s'agit d'un « plancton hautement énergétique ». Soylent Green donne effectivement plus de force et a meilleur goût. Quand les réserves de tablettes vertes s'épuisent, des émeutes éclatent.

Robert Thorn, un flic de New York interprété par Charlton Heston, plonge dans l'univers de la Soylent Corporation pour enquêter sur un assassinat. Son ami, le très cultivé Sol Roth, interprété par Edward G. Robinson, l'aide à rassembler les pièces du puzzle. Ensemble, ils découvrent le secret du groupe Soylent : la tablette verte n'est pas faite de plancton, mais de cadavres humains.

Roth ne peut supporter une telle découverte et met fin à ses jours dans un centre d'euthanasie. Thorn est assassiné par les hommes de main de la société Soylent. Juste avant de mourir, il prie ses supérieurs d'informer l'opinion publique de la vérité : Soleil vert, ce sont les gens ! Une phrase qui depuis fait partie de la culture pop.

À chaque fois que j'évoque la cuisine moléculaire, je pense à *Soleil vert.*

À l'instar de la société Soylent, les cuisiniers moléculaires esquivent la question de leurs ingrédients. À l'instar de la société Soylent, les cuisiniers moléculaires éprouvent à l'égard de la vérité un respect relatif. À l'instar de la société Soylent, ils n'apprécient pas que les gens viennent leur demander ce qu'il y a réellement dans l'assiette. Pourquoi diable ces fouineurs ne s'extasient-ils pas en silence ?

Les cuisiniers moléculaires rechignent à employer le terme d'additifs alimentaires, tout comme les sbires de Soylent n'aiment pas trop qu'on désigne leur ingrédient secret comme « cadavre ».

Ferran Adrià, par exemple, les appelle « ingrédients ».

Au printemps 2009, il disait au journaliste François-Régis Gaudry dans une interview pour *L'Express* : « Les substances citées dans ce livre *(il s'agit du livre que vous tenez dans les mains)* ne sont pas des additifs, ce sont des produits à part entière, pas plus nocifs que la farine et le sucre. »

Désolé, monsieur Adrià, les substances citées dans ce livre sont pour la plupart bel et bien des additifs. On les reconnaît à leur numéro, inscrit au *Codex alimentarius* (www.codexalimentarius.net). D'autres substances décrites ici sont des préparations aromatisantes ou des enzymes. Ce ne sont pas des ingrédients à part entière. En France, l'additif est défini par un décret du 18 septembre 1989 : « On entend par additif alimentaire toute substance habituellement non consommée comme aliment en soi et habituellement non utilisée comme ingrédient caractéristique dans l'alimentation, possédant ou non une valeur nutritive, et dont l'adjonction intentionnelle aux denrées alimentaires, dans un but technologique au stade de leur fabrication, transformation, préparation, traitement, conditionnement, transport ou entreposage, a pour effet, ou peut raisonnablement être estimée avoir pour effet, qu'elle devient elle-même ou que ses dérivés deviennent, directement ou indirectement, un composant des denrées alimentaires. » Dont acte, ce sont des additifs.

Selon l'additif et sa concentration en fonction du poids et de l'état général du client (sans parler de ses éventuelles allergies), on peut être en surdose avec quelques dizaines de grammes. Soixante grammes de polyols par kilo (on parle du poids corporel du client), comme prescrit dans le *Léxico científico gastronómico* suffisent pour un vrai malaise.

Mais il y a quand même une logique étrange dans l'argumentation d'Adrià : effectivement, certaines des recettes accompagnant les boîtes de sa ligne d'additifs Texturas, contiennent tellement d'additifs qu'on pourrait presque dire qu'ils sont devenus des ingrédients à part. Ils remplissent en tout cas l'assiette de manière significative.

Ces « ingrédients » spéciaux leur facilitent bien la tâche, à Adrià et à ses acolytes. Le recours à la chimie alimentaire permet des effets éblouissants, des mousses, des *espumas*… Tout en réduisant les coûts de la cuisine, puisque les ingrédients naturels sont souvent bien plus chers que les additifs.

Pourtant, les cuisiniers moléculaires avaient détecté l'inconvénient de ce « miracle » : le consommateur se méfie des additifs alimentaires. Pendant des décennies, des rapports critiques ont sensibilisé l'opinion contre l'usage des additifs dans l'industrie. Aussi les grandes entreprises prennent-elles le soin d'afficher sur l'emballage que leurs mélanges contiennent désormais « moins d'additifs », voire « pas d'additifs ».

Des associations de consommateurs se méfient depuis toujours de l'additif. Ainsi l'Union fédérale des consommateurs Que choisir informe les visiteurs de leur site d'Aix-en-Provence www.ufc-aix.org par un catalogue des effets à craindre des additifs :

1. *Cela peut être un effet à court terme même avec des doses très inférieures à la DJA (dose journalière admissible) : maux de tête, digestion laborieuse, allergie et réaction cutanée, nausée, vomissement…*

2. *Les effets peuvent être moins immédiats, mais plus profonds…*
3. *Les effets peuvent être à long terme et on parle alors d'effets cancérigènes, mutagènes ou génotoxiques. Par exemple, le BHT (E 320) le BHA (E 321) qui empêchent le rancissement et sont présents dans les amuse-gueules, les sauces, les soupes et flocons de pommes de terre déshydratées…*
4. *Les effets sur la santé dépendent en partie des réactions individuelles, comme aussi des quantités absorbées et de la durée d'exposition. On ne dispose pas d'études suffisamment complètes et approfondies, mais l'augmentation des allergies et des cancers depuis vingt ans devrait conduire à prendre plus de précautions.*

Bref: l'additif n'a pas la cote auprès des consommateurs. La solution de Ferran Adrià et de ses collègues est toute simple: il faut donner aux additifs des noms commerciaux. La méthylcellulose est devenue Metil, les carraghénanes se sont transformés en Iota et Kappa, tout comme l'ester de polyglycérine s'appelle désormais Glice. Et ça a marché! Pendant longtemps, personne ne s'est réellement demandé ce qui se cachait derrière ces noms de Iota, Kappa, Sucro, Glice ou Metil.

On peut cependant facilement identifier ce que cachent ces Texturas et autres mélanges sans en acheter un seul pot. Il suffit de consulter sur Internet les sites des importateurs en Allemagne, en France et aux États-Unis. Pour des raisons légales, les importateurs sont tenus d'indiquer sur leurs produits les appellations authentiques et, en Europe, de faire figurer la lettre E suivie d'un numéro.

Le rédacteur en chef d'un guide gastronomique a d'ailleurs reconnu devant moi: « Souvent, nous, chroniqueurs gastronomiques, préférons ne pas savoir ce qu'il y a derrière. Car, si on l'apprenait, il faudrait en assumer les conséquences, et les conséquences représentent un surplus de travail. Ou nuisent au nom d'un cuisinier qui jouit d'ordinaire d'une bonne réputation dans la presse. Cela peut se retourner contre nous, si le chef a une forte personnalité médiatique ».

Pour les chefs en revanche, ces poudres et autres produits commercialisés sous le nom de « Texturas Albert y Ferran Adrià » sont de vrais remèdes miracles. On les dit en partie fabriqués à base d'algues, idée que les gens associent à l'image des fines feuilles de nori d'un sushi. Du coup, on n'a plus vu ces additifs d'un si mauvais œil. Ils sont devenus très tendance au contraire. Dosages? Limites? Effets secondaires? Tout cela n'intéressait personne.

Et pourtant, le problème restait entier: ces produits ne sont rien d'autre que ces fameux additifs, tant décriés, que l'industrie alimentaire a employés pendant des décennies en quantités plus ou moins modestes.

Pendant des décennies, les consommateurs avaient l'habitude de s'informer sur le contenu de leurs plats cuisinés et sauces de salade. Aujourd'hui, il est plus facile que jamais de savoir davantage sur les additifs: on peut consulter sur Internet les fichiers sécurité des fabricants qui recommandent en règle générale de traiter les additifs, certes très concentrés, avec les précautions habituelles de laboratoire: gants, masque, lunettes de protection. Ces fichiers précisent aussi les réactions en cas de contact avec la peau ou les yeux et les mesures à prendre si on en avale. Tout fichier sécurité précise aussi la dose mortelle pour 50 % des animaux de laboratoire (en anglais: LD 50).

Les divers guides rédigés par les associations de consommateurs et des auteurs spécialisés sont une excellente source d'information. Attention cependant aux sites Internet et blogs divers. Un petit nombre d'auteurs fournit un travail remarquable. La plupart cependant sont de manière directe ou indirecte sponsorisés, voire montés de toutes pièces par des fabricants d'additifs. Et quand on les lit, c'est clair, il n'y a pas de meilleure nourriture que l'additif qu'on doit consommer sans modération.

La « nouvelle cuisine espagnole », la « cuisine d'avant-garde » ou la « cuisine techno-émotionnelle » n'a rien de nouveau ni d'espagnol. Elle utilise les éléments clés des plats cuisinés bon marché que l'on trouve dans les rayons des supermarchés du monde entier. Elle ne peut rien sans additifs. Sans additifs, point de spirale d'huile d'olive, ni de ravioles sphériques ou autres ambres de cèpes.

La plupart des additifs utilisés en cuisine moléculaire sont des hydrocolloïdes. Ce sont des substances fort utiles qu'on connaît de notre vie quotidienne: sans hydrocolloïdes, point de pansement nouvelle génération («cicatrisation rapide») ni de ketchup, crème fraîche, poudre à gâteau, glace, shampoings, dentifrices et cires à chaussures à texture «agréable». On emploie par exemple la méthylcellulose (E 461) dans le traitement de la constipation et des hémorroïdes, mais aussi comme lubrifiant, comme additif au mortier ou à la colle à papier peint, et même au cinéma où l'on s'en sert pour les effets spéciaux (bave de monstres) ou comme liquide corporel masculin dans les films pour adultes.

Si les hydrocolloïdes sont fort utiles pour de nombreuses industries, que font-ils sur nos assiettes? Certes, l'industrie alimentaire est sous pression de coûts, elle doit produire de la nourriture pas chère qui doit se conserver longtemps sans perdre en goût ou en texture. Mais pour des plats frais, préparés derrière vous, dans une cuisine de restaurant? J'allais oublier: ces hydrocolloïdes sont très bon marché (on en parlera un peu plus tard), ils permettent de servir «beaucoup» avec des effets visuels spectaculaires pour une somme dérisoire. Voilà une recette à succès pour cuisiniers moléculaires.

Ces hydrocolloïdes sont-ils nocifs? Ce n'est pas pour rien qu'on en vend comme laxatif aux États-Unis. Les associations de consommateurs listent diarrhée, flatulence et sentiment de malaise comme effets secondaires possibles. N'oublions pas que ces indications se réfèrent toujours à des dosages normaux. Pour ce qui est des énormes quantités utilisées dans la cuisine moléculaire, il n'existe que peu d'investigations, voire pas du tout. Aucune chaîne de fast-food, aucun producteur industriel ne se risquerait à nous gaver de vingt ou trente plats pleins d'additifs chimiques.

Sur cette question, l'auteur américain Michael Booth a écrit dans son ouvrage *Sacré Cordon bleu*: «Un de mes amis, chef cuisinier, a calculé avoir ingéré près d'un demi-kilo de gélatine au cours d'un dîner à El Bulli». On verra à la fin du présent ouvrage (pages XX), de quoi se composent ces gélatines. Un calcul intéressant: selon le journaliste néerlandais Will Jensen, rédacteur en chef du magazine *Bouillon* et éditeur d'un guide d'additifs, nous mangeons environ trois kilos d'additifs par an. Si le calcul de *Sacré Cordon bleu* est correct, une seule visite au restaurant moléculaire nous fait ingérer 16 % de notre consommation annuelle d'additifs !

Autre détail important: on ne sait rien ou presque des interactions entre additifs ni de leurs répercussions sur l'organisme. La loi fait comme si les aliments ne contenaient qu'un seul additif et comme si les autres existaient à côté sans en être affectés. Pourtant, la réaction est la base de la chimie ! Une extravagance qui constitue également un problème dans le domaine de la cuisine moléculaire.

Il y a par contre une chose qu'on sait: un éventuel effet secondaire ne dépend pas seulement de l'additif, mais du poids et de l'état général du consommateur. Je ne dis pas « état de santé », car vous pouvez être un sportif de haut niveau et ne pas supporter certains additifs. Les femmes sont en règle générale plus sensibles que les hommes. Quant aux enfants, il faut faire très attention, car de nombreux additifs leur sont déconseillés, voire interdits. La cuisine moléculaire est donc la première cuisine à ne pas savourer avec sa progéniture. Félicitations aux chefs, quel progrès culinaire !

Les hydrocolloïdes sont vendus aux particuliers et cuisiniers amateurs en kits moléculaires. Dans les mêmes gammes, il existe également une série de produits proposant des mélanges de miel, d'alginate et de maltodextrine, ou encore des fruits lyophilisés, du thé vert en poudre et bien d'autres choses. Tous ces « merveilleux outils culinaires » abandonnent petit à petit le terrain des restaurants moléculaires pour venir se faufiler dans la gastronomie de tous les jours. Les cuisiniers en herbe peuvent les acquérir en ligne ou dans des magasins spécialisés (v. annexe 1: « Lexique moléculaire »).

La face cachée de la cuisine moléculaire

À côté de l'« aspect officiel » de ces produits, vendus aussi aux particuliers, on trouve bien d'autres substances dans les marmites d'un certain nombre de maestros. S'ils refusent de soumettre leurs plats aux analyses d'un laboratoire, il sera difficile de savoir dans quel sac à produits chimiques ces « génies des fourneaux » ont encore mis leurs mains.

Le *Léxico científico gastronómico – Las claves para entender la cocina de hoy* (« Lexique scientifique de la gastronomie – les clés pour comprendre la cuisine d'aujourd'hui »), de la Fundación Alícia et El Bulli Taller, a de quoi inquiéter. Dans l'édition allemande, Albert et Ferran Adrià apparaissent aussi en tant qu'auteurs. Le livre est un vrai catalogue d'additifs, à commencer par l'*acésulfame* (E 950), que « l'industrie chimique obtient par synthèse à partir de dérivés du pétrole ». Au *curdlan*, gélifiant et excipient, est associé le commentaire suivant: « L'Union européenne n'autorise pas l'emploi de cet additif [...] dans le domaine de l'industrie, mais on s'en sert dans des pays comme le Japon ou les États-Unis. Naturellement, on peut en acheter pour l'usage en cuisine dans les pays où il est consommé ». L'utilisation en gastronomie n'en serait qu'au stade « expérimental ». De telles déclarations font sourciller. En d'autres termes, elles signifient: « La substance est interdite en Europe. Vous en voulez quand même ? Eh bien, achetez-la au Japon ou aux États-Unis ».

À partir de 2007, environ un an après la parution du *Léxico científico gastronómico*, le curdlan était autorisé en Europe. Son numéro est E 424. Même si le curdlan, un polysaccharide, est considéré comme inoffensif, il peut faire changer volume et poids du contenu de l'intestin et ainsi causer flatulences, diarrhée ou, au contraire, constipation. Il paraît que l'effet ne dépend pas de la quantité utilisée, mais de l'état de la flore intestinale du consommateur. Voilà, encore un pas d'avance pour la cuisine d'avant-garde: le curdlan enfin disponible en Europe. Il sera probablement utilisé sans modération par les apprentis chimistes de la cuisine.

En ce qui concerne les familles de produits suivantes, elles sont assurément bien représentées dans la cuisine moléculaire. Comment je le sais ? C'est simple: Il suffit de feuilleter les correspondances entre Hervé This et la SYNPA, le Syndicat national des producteurs d'additifs et d'ingrédients de la chaîne alimentaire, à consulter sur Internet. Et de regarder de près les interviews des chefs moléculaires américains. Ils n'ont pas honte d'appeler un additif par son vrai nom. Ou de designer un arôme comme artificiel.

Arômes artificiels

Si les arômes artificiels existent bel et bien aux États-Unis (ils sont d'ailleurs étiquetés comme *artificial flavors*), en Europe la loi exige que la plupart soient « naturels », même si ils sont obtenus grâce aux champignons de pourriture ou aux bactéries qui poussent sur des déchets de bois. Car le bois est naturel, n'est-ce pas ?

Ce qui fait le bonheur, une fois encore, du chimiste Hervé This :

> [...] des cuisiniers en nombre croissant utilisent des préparations aromatiques. La société Givaudan (et quelques autres) depuis quelques années organise des concours culinaires avec emploi de compositions aromatiques, et, lors du dernier Madrid Fusion 2005, le cuisinier espagnol Ferran Adrià employait même des atomiseurs pour disperser de telles compositions soit sur les aliments, soit devant la bouche avant de manger un mets ! Autrement dit, nous y sommes ! Les cuisiniers commencent, dans certains pays, à utiliser les mêmes ingrédients que l'industrie alimentaire (article paru dans la *Revue trimestrielle du réseau Écrin 59* [mars 2005]).

Au passage, This prend soin de préciser que les arômes utilisés en cuisine par Adrià ne proviennent pas systématiquement de ces « bons ingrédients bio » dont on nous rabâche les oreilles. Ils sortent du spray d'un laboratoire de chimie.

Ainsi, le « conseil de chefs » du fabricant d'arômes suisse Givaudan se réunissait en 2008 à la fondation Alícia de Ferran Adrià, près de Barcelone.[1] Parmi les invités : les frères Roca du restaurant El Celler de Can Roca de Gerone, Alex Stupak, pâtissier du restaurant WD 50 à New York, Thomas Chai de Givaudan Singapour, Alex Atala, venu du restaurant D.O.M. au Brésil, Flavio Solorzano du restaurant Señorío de Sulco au Pérou. Hervé This lui-même a été nommé au Chefs' Council de Givaudan en 2002.[2]

Tous ces chefs, utilisent-ils des préparations aromatisantes ? Les chefs dits moléculaires ne sont pas, tant s'en faut, les seuls cuisiniers

---

[1] Source: www.givaudan.com communiqué de presse du 14.5.2008. L'auteur américain Marlena Spieler décrit l'événement sur son site web: www.marlenaspieler.com/2008_06_01_archive.shtml

[2] Source: www.givaudan.com communiqué de presse du 28.1.2002

à expérimenter de tels arômes, commercialisés également par des sociétés qui ont amassé des fortunes grâce aux essences de parfum.

Les frères Pourcel aussi, cuisiniers à Montpellier, œuvraient dans ce sens. Épices de Parfum & Extraits de Cuisine : c'est ainsi que se nommait leur ligne de produits, des parfums alimentaires que la société Chabaud C & S commercialisait sous forme de sprays. Attention, ceci est un vaporisateur d'épices, un produit 100 % cuisine, pas un aftershave ! À l'usage des intéressés, aussitôt était sorti le livre de cuisine correspondant : *Le Goût du parfum*. En voici la brève présentation de l'éditeur :

> Un art nouveau né de l'utilisation des vaporisateurs "d'épices de parfum" pour une cuisine d'harmonie et de bien-être. Un ouvrage didactique, apprendre et comprendre : comment nous percevons les parfums, les goûts et leur importance dans l'équilibre de notre corps. Découvrir les matières aromatiques et leur utilisation dans la cuisine. Proposer des idées pour une cuisine faite de poésie, d'invention à la portée de tous au travers de recettes…

Dans la pratique, les choses sont un peu différentes : les arômes hautement concentrés de pêche, de chocolat, d'origan ou de safran renforcent l'impression olfactive, certes, mais n'agissent pas sur le goût. Un gâteau au chocolat à l'odeur alléchante peut s'avérer un total fiasco en bouche.

Les frères Pourcel ont testé, puis lancé leurs sprays en les accompagnant même de recettes. « Le travail sur les recettes a été intéressant. D'un côté, je m'inquiétais parce que l'arôme de framboise du vaporisateur était plus intense que n'importe quelle framboise naturelle, ce qui pourrait tromper le nez du convive… Or on sait que c'est le nez qui met en appétit », avouait Jacques Pourcel dans une interview du *Financial Times Deutschland*. Dans le même article, il ne cache pas son scepticisme : « Il existe deux écoles en cuisine : la première poursuit l'effet rapide à n'importe quel prix et utilise les arômes artificiels, comme dans les gels, par exemple ; la seconde, en revanche, mise sur la force des ingrédients ». Pourcel s'identifiait naturellement au second groupe.

Si l'on élargit la perspective, l'huile de truffe aussi appartient à cet ensemble d'aromatisants, car elle ne contient pas de truffe. Elle n'en a que le nom: pour être honnête, il ne s'agit de rien d'autre que d'huile d'olive bon marché aromatisée chimiquement. La fragrance complexe de la truffe est remplacée par une imitation, intense et pénétrante. La truffe noire *Tuber melanosporum* associée à des pommes de terre insulaires dont la saveur légèrement salée évoque la proximité de la mer… Un miracle de la nature? Pas du tout: deux gouttes d'huile de truffe vous enverraient aussi une BF15, une des variétés de pommes de terre les plus prisées dans l'industrie du Fast-Food, au septième ciel du goût.

Ces parfums alimentaires, dont se sont saisies désormais plusieurs entreprises du secteur, représentent aujourd'hui un marché en hausse. Mais les fabricants restent d'une grande discrétion quant à leur composition.

Colorants

Ils sont légion dans la cuisine moléculaire, dont les plats s'animent de couleurs éclatantes, qu'ils soient vert fluo ou rouge pastel. Rien que le *Léxico científico gastronómico* en dénombre onze, qui vont de l'aluminium aux xanthophylles, sans oublier le carmin ou cramoisi, traditionnellement très prisé, que l'on tirait à l'origine de la cochenille.

Les Aztèques, semble-t-il, utilisaient déjà, mais pas dans leurs assiettes, ce colorant hydrosoluble que l'on obtient à partir des corps desséchés des femelles fécondées de cette espèce de coccidés. On procède pour ce faire de la manière suivante. Tout d'abord, on regroupe les insectes: il n'en faut pas moins de cent quarante mille pour faire un kilo. On les tue à la vapeur d'eau et on les dessèche directement au soleil, ce qui réduit le kilo à trois cents grammes, avant de moudre le tout. La poudre obtenue sert traditionnellement à colorer des tissus. On se sert également de la cochenille en peinture et dans la fabrication de beaucoup de rouges à lèvres. Cette substance, sous le nom d'E 120, est également autorisée comme additif alimentaire.

Dans certains cas assez rares, la cochenille peut arriver à provoquer des réactions allergiques semblables à des attaques d'asthme ou d'urticaire. Aux États-Unis notamment, quelques graves cas de crises allergiques (« anaphylactiques ») ont été déclarés.

Ici aussi la question se pose: est-ce là vraiment ce que l'on veut manger ? Nous proposera-t-on un jour des insectes à la carte des desserts ?

Les organisations de protection de consommateur n'aiment pas trop les colorants, contrairement aux cuisiniers d'avant-garde: allergies et réactions cutanées sont souvent répertoriées comme risques potentiels. Beaucoup de colorants peuvent contenir de l'aluminium, un métal qu'un certain nombre de médecins soupçonne d'augmenter les risques des maladies dégénératives tels qu'Alzheimer et Parkinson.

Exhausteurs de goût

Comme plat principal, souhaiteriez-vous un peu de tachycardie ? Nous vous proposons également malaises, diarrhées, maux de tête et convulsions… Que préférez-vous ? Tels sont en effet les symptômes du *China restaurant syndrome* qu'aurait déclenché, dit-on, l'exhausteur de goût appelé glutamate monosodique.

Les symptômes du *China restaurant syndrome* que le docteur Robert Ho Man a révélés pour la première fois dans le *New England Journal of Medicine* se sont échappés des établissements asiatiques pour se propager dans les temples de la haute cuisine où les vedettes des fourneaux n'hésitent pas à recourir à cette poudre blanche dès qu'il s'agit de relever un peu une tarte aux champignons ou d'enrichir un fond.

La raison en est simple: le glutamate monosodique (GMS) est bien moins cher que les ingrédients frais dont un cuisinier aurait besoin pour parvenir à une même plénitude de goût. Le GMS imprime sur nos palais un doucereux succédané d'arôme que les consommateurs réguliers préfèrent parfois au goût naturel.

Sans glutamate, bien des plats cuisinés, dont la confection fait appel à des ingrédients de mauvaise qualité, seraient insipides.

C'est sans doute pour cette raison que le niveau de sa consommation mondiale est passé de deux cent soixante-deux mille tonnes en 1976 à un million cinq cent mille de tonnes en 2003.

Pour dissiper tout malentendu, rappelons qu'officiellement ce cher glutamate monosodique est aussi inoffensif que le sel et le poivre. Aucune autorité ne nous alerte sur des risques potentiels qu'ont pourtant révélés d'innombrables études. Bien sûr, en tant qu'acide glutamique (un des vingt acides aminés), le glutamate est une substance que l'organisme fabrique et que l'on trouve naturellement dans n'importe quelle tomate, dans le poulet et les fromages parmesan ou roquefort.

Mais si, après l'ingestion d'une soupe de glutamate bien corsée, on sent comme une lourdeur au niveau de l'abdomen, les doutes surgissent. A-t-on affaire à une indigestion ou bien à un « symptôme d'urgence pour un grand nombre de maladies » ?

L'avis des scientifiques, peu nombreux, qui ont osé se prononcer sur le GMS, n'est d'ailleurs pas flatteur : « Le glutamate est un poison pour les neurones », avertit Konrad Beyreuther, professeur à l'Université de Heidelberg, une toxine qui pourrait contribuer à l'apparition du Parkinson ou de l'Alzheimer. Aux États-Unis, des experts comme les docteurs Russell L. Blaylock, Georges R. Schwartz et John Olney sont arrivés aux mêmes conclusions qui mettent en garde contre des attaques spontanées d'asthme, tout en expliquant que, dans leurs laboratoires, l'augmentation de la consommation de glutamate a provoqué un excès de graisse pouvant atteindre de grotesques déformations chez leurs animaux.

Blaylock, célèbre pour son livre *The Taste That Kills*, soutient la thèse que le GMS, à moyen ou long terme et spécialement si on l'associe à l'édulcorant aspartame, provoque des maladies dégénératives.

« L'arsenic, lui aussi, est un produit complètement naturel », lance Schwartz, par exemple, à l'encontre du lobby du GMS. Et d'expliquer que certaines personnes réagissent davantage au glutamate qu'à l'arsenic. Voilà plus de vingt ans qu'aux États-Unis les producteurs d'aliments pour bébés ont volontairement renoncé aux exhausteurs de goût. Reste à savoir si cette autorestriction est sincère ou si les producteurs ont craint qu'une plainte collective d'enfants malades ne leur coûte des millions au cas où l'on réviserait l'opinion médicale autorisée.

On sait que le glutamate stimule la salivation: il ouvre l'appétit. Plus on en consomme donc, plus on mange et, forcément, plus on grossit.

On sait aussi que le lobby du GMS constitue un sponsor puissant. Plutôt que dans le football ou les concours culinaires, ce lobby préfère investir ses millions dans des études scientifiques dont les conclusions sur la fiabilité de ses produits lui seront favorables. « Le soutien économique à la recherche fait partie des règles académiques et ne saurait exercer aucune influence sur le résultat des investigations », rétorquent d'ordinaire les sponsors aux questions embarrassantes.

Qui plus est, le GMS compte sur le renfort d'excellents spécialistes en marketing: c'est ainsi que l'umami s'est presque officiellement hissé au rang de « cinquième goût ».

L'umami fut cependant « découvert » au début du XXe siècle par le professeur Kikunae Ikeda, mais ce cinquième goût est longtemps passé inaperçu avant de faire les gros titres ces dernières années. Pourrait-on renoncer au sucré, à l'acide, au salé, à l'amer? Bien sûr que non. Curieusement, il n'existe dans le monde qu'une seule substance qui présente le goût umami à l'état pur: le glutamate. Or comment une substance pour laquelle notre langue possède son propre récepteur pourrait-elle être nocive?

Le chimiste Hervé This nous explique l'umami dans son blog (hervethis.blogspot.com): « ...il y aurait une cinquième saveur, qui aurait été nommée umami... Il faut lutter contre cette idée, qui a été largement accréditée par des vendeurs de monoglutamate de sodium. Invité à visiter un des plus importants fabricants de *dashi*, à Tokyo, j'ai assisté à la confection de ce bouillon: des algues kombu sont arrosées d'eau chaude, de sorte que deux acides aminés soient extraits, l'alanine et l'acide glutamique. On m'a dit que la saveur de ce bouillon était la saveur umami. Soit: c'est donc que cette saveur n'est pas élémentaire, puisqu'elle est le mélange de la saveur de l'alanine et de l'acide glutamique... Au total, la saveur umami n'a donc pas de raison d'exister. »

Il va de soi que les experts en communication ont avancé un argument massue: « Si le glutamate était dangereux pour la santé, pourquoi alors on ne compterait pas plus de malades chez les Asiatiques ? » Olney et Blaylock ont la réponse : « Les aliments riches en hydrates de carbone, comme le riz, réduisent les effets du glutamate », pas seulement chez les humains d'ailleurs, mais aussi chez les animaux de laboratoire. Question de bien choisir leur alimentation. Voilà comment, d'un point de vue purement théorique, on peut infléchir les résultats d'une étude.

À ce titre, le site internet français glutamate.org est éloquent. On lisait encore en juillet 2009 sous l'onglet FAQ :

> **Q5** Le GMS permet-il aux fabricants de plats cuisinés de substituer des aliments de mauvaise qualité ou de qualité inférieure à des ingrédients de grande qualité ?
>
> **A5** Non. Le GMS peut seulement améliorer le goût originel d'une nourriture de qualité.

Aux dires des producteurs, le glutamate serait donc un additif qui permettrait de différencier le goût originel d'une nourriture de qualité ! Un additif qui se limiterait sciemment à ne rehausser que le « bon » goût, une qualité que les consommateurs et les cuisiniers ont perdue depuis belle lurette.

L'usage des exhausteurs de goût en gastronomie n'est pourtant pas l'apanage de la cuisine moléculaire. Le produit allemand Royal Küchengold, par exemple, est « un assaisonnement en poudre végétale d'excellente qualité à l'usage de la haute cuisine. Avec des ingrédients de premier choix ». Apte à une consommation en cantines scolaires, le Royal Küchengold se vend en récipients de douze kilos. Son fabricant le recommande « pour condimenter, assaisonner et relever les soupes, les sauces, les plats de viandes et de poissons, les légumes et les pommes de terre, le riz, les pâtes et les salades », tout en en détaillant les ingrédients sans omettre les exhausteurs de goût (glutamate monosodique, inosinate, guanylate), la maltodextrine, le sucre, l'arôme (au céleri) et l'antiagglomérant (E 341).

La rumeur disait déjà que ce type de cocktails aromatisants dépassait le cadre des cantines scolaires et des restaurants universitaires pour se glisser aussi dans la haute gastronomie.

Édulcorants

La cuisine moléculaire est très friande d'isomalt (E 953) et autres édulcorants de la famille des polyols. L'isomalt est un succédané du sucre et possède son propre pouvoir édulcorant. Il ne provoque pas de caries et n'élève que très peu le taux de glycémie. Aussi est-il approprié aux diabétiques. Mais l'isomalt est un laxatif, même à des doses de 20 ou 30 grammes.

Sur le site Internet www.albertyferranadria.com, on trouvait encore cette recette en juin 2008:

Spirale d'huile d'olive

Pour le caramel d'huile d'olive vierge.
100 g d'E 953 (isomalt)
25 g de glucose
1,5 g d'E 473
45 g d'huile d'olive vierge extra
1,5 g d'E 475

Une recette « pour quatre personnes » (c'est précisé en bas, dans un petit livret qui accompagne les Texturas) qui comptabilise 103 grammes d'additif pour 45 grammes d'huile d'olive et 25 grammes de glucose.

> La DGCCRF française – Direction générale de la concurrence, de la consommation et de la répression des fraudes – nous a donné au sujet de l'usage de l'isomalt l'information suivante: l'isomalt est un polyol que l'on peut utiliser selon le principe du *quantum satis* dans certains produits dont la liste apparaît dans le décret du 2 octobre 1997, mais le respect des dispositions du code de la consommation exige que l'on fasse figurer la mention « une consommation excessive peut entraîner un effet laxatif » sur un produit alimentaire s'il contient plus de dix pour cent de polyols.

Si elle était vendue dans le commerce, cette spirale devrait porter l'avertissement « une consommation excessive peut entraîner un effet laxatif ». Dans de nombreux pays, il existe des normes similaires. On trouve souvent sur les sachets de bonbons et sucreries:

« une consommation excessive peut entraîner un effet laxatif ». Une règle à laquelle les restaurants moléculaires se dérobent pourtant.

Si l'on en croit le *Léxico científico gastronómico*, le pouvoir édulcorant de l'isomalt est 0,5 fois supérieur à celui du sucre. Selon les indications du producteur Beneo-Palatinit, l'isomalt peut remplacer le sucre dans une proportion d'un pour un.

Ce même lexique scientifique de la gastronomie informe que l'isomalt « peut avoir un effet laxatif dans des concentrations qui excèdent 60 g/kg ». Ce qui signifierait qu'une personne de 70 kg en pourrait consommer 4,2 kg sans souffrir de diarrhée ou autres malaises.

Les études scientifiques, quant à elles, parlent d'effets laxatifs à des doses bien moindres. C'est ainsi qu'on peut lire dans *Sugar Alcohols and Diabetes: A Review*, signé en 2002 par Thomas M. S. Wolever, Ana Piekarz, Marjorie Hollands et Katherine Younker:

> Comme les alcools de sucre (également appelés polyols) ne se digèrent et métabolisent que partiellement, des ingestions supérieures à 10 ou 20 grammes par jour peuvent provoquer des flatulences, des diarrhées et autres symptômes gastro-intestinaux.

D'autres études situent l'effet laxatif à 20 grammes (enfants) et 30-50 grammes (adultes). On a souvent comparé les polyols entre eux ou mélangés à du chocolat. Rares sont les chercheurs qui songeaient à faire avaler des polyols quasi purs à leurs sujets d'étude, pour cela, nous disposons aujourd'hui des cuisiniers d'avant-garde. Mais, et tout chercheur le sait, la dose laxative ne dépend pas seulement du polyol. Elle dépend de vous, du consommateur, de votre poids, de votre âge, de votre état état en général.

Ces chefs, qui prétendent travailler avec une « précision scientifique » ne devrait-il pas faire usage de la même précision dans leurs ouvrages ?

En tout cas, les doses recommandées par le *Léxico científico gastronómico*, du laboratoire de Ferran Adrià, diffèrent sur le plan du poids corporel de quelques milliers de pour cent par rapport à la valeur correcte.

Une fois encore: sur les aliments contenant plus de 10 % d'isomalt, les producteurs doivent faire figurer la mention des effets laxatifs. La spirale d'huile d'olive, un exemple de recettes de la série de produits Texturas Adrià, contient presque 58 % d'isomalt.

Autre édulcorant très populaire: l'aspartame (E 951). Son pouvoir édulcorant est deux cents fois supérieur à celui du sucre. Cet édulcorant, comme le glutamate, est suspecté de provoquer le syndrome du restaurant chinois (v. section « Exhausteurs de goût »). Plusieurs études étayent cette affirmation, d'autres disent le contraire. Parmi les critiques du controversé aspartame, on trouve Morando Soffritti de la Fondation européenne Ramazzini (FER), dont le siège se trouve à Bologne en Italie. En mars 2006, Soffritti a publié dans *Environmental Health Perspectives* une enquête dont voici la conclusion:

> Notre étude a montré que l'aspartame est multipotentiellement un composé cancérogène, et ce, dès une dose quotidienne de 20 milligrammes par kilo de poids corporel (mg/kg), soit bien moins que les doses quotidiennes acceptables aujourd'hui par l'humain (50 mg/kg aux États-Unis et 40 en Europe). Les résultats des expériences sur les rongeurs laissent présager de très probables risques de cancer sur les humains (Huff 1999 ; Rall 1995, Tomatis et al. 1989). Les conclusions de notre étude, par conséquent, réclament une réévaluation urgente des recommandations sur l'usage et la consommation de l'aspartame. La décision d'utiliser les données de l'expérience pour préserver la santé publique est d'autant plus importante que la consommation massive d'aspartame ne s'est pas encore suffisamment prolongée pour fournir des données épidémiologiques solides. Il n'est pas envisageable de disposer à court terme de données suffisantes, car il est difficile de trouver un groupe de contrôle qui n'ait pas été soumis à un composé aussi largement diffusé que celui-ci.

Soffritti et ses collègues ont ajouté au régime normal de leurs mille huit cents rats Sprague-Dawley des doses quotidiennes d'aspartame de 4000 à 5000 mg par kilo de poids corporel. Cette alimentation a commencé dès l'âge de huit semaines et s'est conclue à la mort naturelle des animaux, après quoi l'autopsie a révélé tous les changements microscopiques subis par les différents organes. Les animaux traités, qu'ils soient mâles ou femelles, ont développé des tumeurs malignes dans différents organes, des lymphomes et des leucémies à un taux très nettement supérieur à celui des rats du groupe de contrôle qui n'avait pas consommé d'édulcorant.

Malgré de telles incidences, l'Autorité européenne de sécurité des aliments (EFSA en anglais) a révisé une fois de plus le dossier de l'aspartame et a définitivement déclaré l'édulcorant inoffensif (EFSA-Q-2005-122).

Transglutaminase

Cette enzyme altère les propriétés physiques de nombreuses albumines contenues dans les aliments. Elle permet d'agglutiner des morceaux de viande ou de poisson, mais c'est surtout parce qu'elle « facilite une meilleure découpe tout en réduisant les pertes » qu'elle est connue. Elle peut améliorer la texture des « viandes PSE » bon marché (PSE = *pale*, *soft*, *exudative*: pâle, molle et qui contient beaucoup d'eau).

Dans la cuisine moléculaire, les maîtres des fourneaux utilisent la transglutaminase pour coller des viandes ensemble, comme le lapin et les coquilles Saint-Jacques. La recette des spaghettis aux crevettes du cuisinier new-yorkais Wylie Dufresne se base précisément sur cette substance. Il existe des nombreux enzymes aux vertus quasi identiques, vendus sous des noms commerciaux.

Dans le domaine de l'industrie, on utilise la transglutaminase pour fabriquer des bâtonnets de poulet, des saucisses de viande ou du surimi.

Surimi ? Ça sonne comme un mélange de sushi et sashimi. Avec ses arômes de langouste, de homard ou de crevette derrière ceux de la coquille Saint-Jacques et des pinces de crabe, cette pâte de poisson s'est peu à peu immiscée sur toutes les tables. Les producteurs la vantent comme un « produit de poisson consommé depuis des siècles au Japon ». Mais en réalité le surimi n'est qu'une mousse de poisson faite de krill et de colin d'Alaska, mais aussi de menu fretin trop épineux ou trop peu présentable pour être vendu sur les marchés: tout cela morcelé, trituré, broyé, désaromatisé, édulcoré, salé, enrichi au polyphosphate et au sorbitol, puis finalement doté de couleur orange et d'arôme artificiel. Heureusement, le produit est facilement évitable dans les supermarchés. Par contre, les chefs de cuisine le glissent dans leurs salades de langoustes, de crevettes ou de coquillages.

Le *Léxico científico gastronómico*, du laboratoire de Ferran Adrià, met le surimi en avant pour recommander l'agent agglutinant à l'alginate de sodium (E 401). Textuellement: « Ses applications sont nombreuses, surtout pour les produits restructurés, fabriqués à partir d'aliments nourrissants et bon marché, mais qui restent difficilement acceptés par le consommateur, aliments auxquels on donne un aspect nouveau et attrayant. Exemples: les dérivés du surimi comme la « pince de crabe » ou les « angulas », ces fausses civelles, etc. »

Ce qu'il faut entendre par civelle dérivée du surimi, le lexique, malheureusement, ne l'explique pas.

Et c'est servi !

Environ 20 % de méthylcellulose, plus de 50 % d'édulcolorant, dérivés d'algues diverses et variées, voilà la recette à succès du *fake food* moléculaire, de la « nourriture fausse ». Ça ne coûte presque rien, c'est facturé très, très cher et, encore mieux, la presse gastronomique et le public trouvent tout cela simplement génial.

Le *fake food* n'est pas nouveau. Des plats bas de gamme en supermarchés essaient d'imiter la nature, de sembler bien croustillants, fraîchement sortis de la mer ou du jardin. La crevette en surimi essaie de tromper l'œil, de ressembler à la vraie crevette. La majorité des cuisiniers moléculaires prennent tout simplement le chemin inverse. C'est toujours du *fake food*, mais le plat ne ressemble plus à la nourriture. C'est bon marché, car l'additif, à l'exception de Texturas Adrià, ne coûte pas cher, c'est rapidement préparé, car la plupart des gélifiants agit très rapidement. Mais pour le préparer, il faut les petites mains de nombreux stagiaires pour manipuler tubes et seringues. Tout ce que fait la machine en usine n'a pas été miniaturisé, il reste beaucoup de travail manuel, dont les chefs moléculaires sont fiers.

Chapitre VII

Légalité ? Égalité ?

Tous ces additifs sont légaux. À peine s'il existe quelques recommandations péremptoires de dosage: à l'exception des textures Sucro et Glice, le *quantum satis*, soit la quantité requise, est autorisé. Par cette notion de *quantum satis*, le législateur n'autorise pas pour autant les produits chimiques à envahir notre alimentation. La quantité requise est autorisée dans la perspective d'une « bonne pratique de production » et à condition bien sûr de ne pas tromper le consommateur. Au moment de rédiger ces dispositions, le législateur avait-il en tête les belles photos de plats et le spectacle mis en scène face aux convives ?

La notion de tromperie envers le consommateur peut faire l'objet d'un débat: peut-on à juste titre considérer que des gens qui ne savent pas du tout ce qu'ils mangent sont les victimes d'un abus ?

Il est d'ailleurs faux de prétendre que la cuisine moléculaire est encadrée par des contrôles, par un dispositif sanitaire pas moins performant que la cuisine classique, comme on le lit parfois. La cuisine d'avant-garde ne souffre pas d'un manque d'hygiène, il s'agit d'un problème de dosage et d'un problème d'honnêteté. Il n'y a pas d'autorité qui « valide » les recettes de ces « magiciens d'additifs », au contraire. Comme on l'a vu dans l'exemple de la spirale d'huile d'olive d'Adrià, les chefs se servent du prétexte qu'ils ne sont pas soumis aux devoirs des déclarations pour nous servir des créations impensables dans l'agroalimentaire. Quant à l'honnêteté, c'est évident qu'il faut avertir le client de la présence des additifs: qui veut payer 20 % de méthylcellulose dans son plat ? qui veut des arômes artificiels, véritables « dopants » de l'assiette ?

La situation légale exige par conséquent une part d'interprétation. Il n'est pas à exclure qu'une quelconque autorité ou les membres d'un tribunal décident un jour que les fortes doses d'additifs à l'usage dans la cuisine moléculaire vont à l'encontre d'une bonne *praxis* de production. Ils pourraient également tenir compte des abus dont sont victimes les consommateurs mal informés.

Depuis la publication de ce livre en langue espagnole un premier pas dans cette direction a été franchi: en Italie, les policiers de la NAS (Nuclei Antisofisticazioni e Sanità dell'Arma) ont confisqué des additifs dans une petite centaine des restaurants à cause de problèmes d'étiquetage. Parmi eux, la ligne Texturas Albert y Ferran Adrià. Le colonel Rocco Amoroso demandait aux restaurateurs d'indiquer aux clients les additifs utilisés.

Comme je l'ai dit plus haut, l'industrie alimentaire a surtout recours aux additifs pour « stabiliser » les aliments à long terme au niveau du goût et de la texture. La nourriture est soumise à des transports à longue distance, le commerce exige un prolongement des dates de péremption qu'ils doivent observer. Parfois il s'agit tout simplement de faciliter la production ou d'en alléger les coûts.

Dans le cas des plats à base d'ingrédients frais, les additifs ne sont pas nécessaires.

CHAPITRE VIII

Et la santé dans tout ça?

Disons-le une bonne fois pour toutes: un menu moléculaire ne tuera personne. Le danger, ce sont les personnes allergiques ou cœliaques qui l'encourent. Cela dit, en fonction du poids corporel du client, la diarrhée ou le malaise ne sont pas à exclure. Ce n'est pas pour rien que les associations de consommateurs critiquent les additifs depuis des dizaines d'années.

Des clients peuvent-ils tomber malades à cause d'un menu moléculaire? Certains sont en tout cas de cet avis. François Audouze, collectionneur de vins, raconte dans son blog (http://academiedes-vinsanciens.org/archives/1212-experience-inoubliable-au-restaurant-El-Bulli-et-un-vilain-desagrement.html) les désagréments de son épouse à la suite d'un repas à El Bulli:

> Je fus surpris quand tout l'hôtel sut le lendemain matin que la dame du 115 était malade, car on me dit: «Vous étiez à El Bulli, ça ne nous étonne pas, car c'est assez fréquent». Le malaise de ma femme se prolongea la nuit suivante et mon étonnement se fit plus fort lorsque la masseuse de l'hôtel me dit: «Il m'arrive souvent de masser des gens qui sont allés à El Bulli et qui ont vomi la nuit».

Une dame du nom de Joy, originaire de San Francisco, qui sur Internet se fait passer pour une «pute de restaurant», rien que ça, offre sur son blog (http://www.restaurantwhore.com/2007_10_01_archive.html) une longue description de ses souffrances, dont les détails sont d'ailleurs peu ragoûtants. Et de conclure: «Le corps n'est pas fait pour avaler tant dans de produits chimiques à la fois ».

Les « victimes » ont un point un commun. Malgré leurs malaises, elles continuent à admirer la cuisine moléculaire. Vont-elles au restaurant pour se sentir malades ? Le dénommé Hadrien cite un client d'un célèbre restaurant britannique dans le forum « lapassionduvin.com » avec les mots : « C'est un peu comme si Jacqueline Kennedy avait dit : finalement, tout n'était pas si mal dans ce voyage à Dallas. »

Dans quelle mesure les additifs sont-ils dangereux ? La réponse dépend de qui pose la question. « Je recommande à mes clients un usage modéré des additifs », reconnaît par exemple la nutritionniste de Cologne Natalie Quagliata, de l'agence S-Lust. « Je leur explique comment acheter dans les supermarchés d'une manière correcte et saine ».

« Il me semble que le dosage est très élevé dans certaines recettes. Je n'aurais pas utilisé ces ingrédients dans de telles proportions dans nos préparations », dit aussi Bertrand Guéneron. Pendant des années, Guéneron fut le chef de cuisine du grand cuisinier Alain Senderens, d'abord à l'Archestrate, puis au Lucas Carton. De 1998 à 2006, il a été acquéreur et directeur de développement dans une chaîne française de supermarchés. Il était responsable des produits de la marque de la maison et de deux autres lignes de production. « Les contrôles de qualité étaient draconiens : les allergènes étaient interdits, de même que les végétaux génétiquement modifiés. S'il existait une limite maximale pour un produit, que cette limite soit dictée par la loi ou par nos propres manuels, nous nous maintenions volontairement en dessous, dans une "marge de sécurité" qui pouvait atteindre les 75 %, se rappelle Guéneron. Dans les produits dont j'avais la responsabilité, on n'excédait jamais le quart de la quantité autorisée. »

L'avis émis par l'auteur allemand Hans-Ulrich Grimm, un spécialiste de la nutrition et de l'additif, est tout aussi catégorique : « On sous-estime le risque des additifs alimentaires. Le législateur examine chaque substance séparément et fait comme si, dans un même produit, des interactions entre quatre ou cinq "substances

E" ne se produisaient pas. En d'autres termes: les additifs sont conçus pour les usines, pas pour les personnes. Car c'est à l'industrie et à elle seule qu'ils simplifient la vie». Les livres de Grimm se vendent très bien; son ouvrage *Les Arômes dans notre assiette* a dévoilé à des centaines de milliers de lecteurs les coulisses de l'industrie alimentaire.

Nous avons montré les recettes figurant sur le site de Texturas au docteur Susanne Krebber, nutritionniste à Clèves, en Allemagne. Voici son opinion:

> Du point de vue de la médecine nutritionnelle, la cuisine moléculaire doit être vue d'un œil très critique. Certaines recettes fonctionnent comme de véritables «cocktails chimiques». Les additifs, et notamment les émulsionnants, doivent être utilisés à hautes doses pour obtenir les effets visuels escomptés. Même si du point de vue légal il n'y a pas de limites maximales pour les substances utilisées, elles peuvent toutefois provoquer certains symptômes physiques tels que diarrhées et malaises. Par exemple, l'E 473 (sucroester), l'E 461 (méthylcellulose) et l'E 953 (isomalt) ont un effet laxatif à hautes doses. Du fait de leur moindre poids corporel, ces effets secondaires touchent davantage les femmes. Chez des personnes prédisposées, ces substances provoquent souvent des réactions allergiques. L'E 331 (citrate de sodium), par exemple, est un citrate produit industriellement qui peut déclencher des symptômes d'allergie chez des personnes sensibles à la moisissure. En général, la cuisine moléculaire offre proportionnellement davantage d'ingrédients regorgeant de produits chimiques que de plats riches en aliments nutritifs et vitaux. Certains additifs peuvent même affaiblir l'absorption des nutriments. Compte tenu du nombre croissant de personnes allergiques aux aliments, une cuisine de ce type est à proscrire. Si la cuisine moléculaire s'implantait comme la cuisine du futur, nous devrions tous nous demander si nous ne préférons pas, pour nous-mêmes et notre santé, nous rabattre sur une diète naturelle et riche en substances vitales qui apporterait à notre organisme ce dont il a réellement besoin. La santé et le plaisir devraient être les objectifs d'un tel régime alimentaire.

La réaction de la diététicienne Natalie Quagliata va dans le même sens :

> « Ni les produits chimiques, ni les substances médicinales n'ont rien à faire dans notre alimentation. Et moins encore à des doses dont on sait qu'elles sont nuisibles et dangereuses pour la santé ».
>
> À mon avis, ici, on a complètement trahi le fameux principe d'Hippocrate : « Que l'alimentation soit ton médicament, et que ton médicament soit ton alimentation ».
>
> On dirait plutôt que les médicaments et les produits chimiques ont carrément remplacé notre alimentation !

Certains cuisiniers qui ne rechignent pas à recourir à des techniques moléculaires ne cachent pas à l'occasion leur scepticisme. Dans une interview accordée au *Frankfurter Allgemeine Zeitung* en août 2008, le triple étoilé Joachim Wissler, du restaurant Vendôme en Allemagne, avertissait : « La cuisine moléculaire, quelle qu'en soit la forme, ne devrait jouer aucun rôle dans les aliments destinés aux jeunes enfants ».

« Cela vaut-il également pour les enfants plus grands qui veulent découvrir la cuisine d'élite ? s'est enquise la journaliste Jacqueline Vogt.

– Montrez-moi un seul enfant qui veuille bien manger des spaghettis faits, non pas de pâte, mais de bouillon de viande gélifié, répond Wissler. Mon fils à moi n'en voudrait pas. »

Souvent les enfants font preuve de plus de sagesse que leurs parents. L'article démontre au moins une chose : certains cuisiniers d'élite sont très conscients des effets des additifs, dont la plupart sont proscrits dans l'alimentation infantile. Avant l'apparition de la cuisine moléculaire, on ne disait pratiquement jamais à un enfant de s'abstenir de manger le plat d'un adulte. Joachim Wissler a raison en ce qui concerne son fils. En tant que chef, il colle des petits filets de truite ensemble avec un « enzyme-adhésif » pour en obtenir « des filets plus charnus, qui se font cuire plus facilement ».

Les additifs quoique légaux sont loin de faire l'unanimité dans le milieu des médecins. Cela vaut autant pour le glutamate dont il a été question que pour l'E 407 (les carraghénanes), considéré partout comme inoffensif.

L'additif, mode d'emploi

Qui connaît mieux un produit que son fabricant et son distributeur ? Les additifs pour chefs sont distribués par Sens Gourmet, Soripa Gastronomie, Cuisine Innovations ou Kalys. Les conditions d'utilisation de Kalys démontrent qu'on s'y connaît fort bien dans les effets des additifs décrits dans ce livre et que l'entreprise se protège vis-à-vis de la créativité débordante des chefs. Tout est décrit dans les conditions d'utilisation (fr.gastronomie.kalys.com/fr/conditions-d-utilisation).

Les produits présentés sur www.gastronomie.kalys.com peuvent être limités dans leur usage par des textes réglementaires (cf. 7. Annexe).

Tous les additifs proposés font l'objet d'une réglementation particulière, intégrant pour certains des restrictions d'utilisation. Toute utilisation de ces produits devra se faire dans le strict respect de la réglementation en vigueur.

[…]

En aucun cas, il ne faut ingérer les produits en l'état, non réhydratés, ni à des concentrations qui, de toute évidence, ne correspondent pas aux besoins des recettes proposées.

[…]

Les recettes sont fournies à titre indicatif pour « illustrer un usage normal » de ces ingrédients et additifs.

La responsabilité de KALYS S.A. ne saurait être engagée suivant des déductions ou interprétations tirées des informations présentées.

[…]

3. Régimes alimentaires et allergies

Les allergènes éventuellement présents dans nos produits sont mentionnés sur les emballages et sur les fiches descriptives disponibles sur le site www.gastronomie.kalys.com

Les additifs fournis sont sans danger dans le cadre d'un usage normal pour des personnes en bonne santé, ne présentant pas d'allergies ou d'intolérances identifiées. L'indication dans nos recettes des termes « sans œuf » ou « sans laitage » est destinée à illustrer une substitution d'ingrédient et non à affirmer l'acceptabilité de la recette pour un public donné, présentant des susceptibilités particulières.

KALYS S.A. ne pourra pas être tenue responsable des conséquences de l'utilisation d'un de ses produits ou recettes par une personne suivant un régime restrictif dont l'allergie est apparue lors de l'essai ou de la manipulation des produits.

Pour les personnes ayant une alimentation normale, une consommation trop importante de fibres peut causer des ballonnements. Les personnes sensibles peuvent quant à elles être sujettes à des désagréments intestinaux.

Nos produits ne conviennent pas aux personnes sensibles à la manipulation et/ou l'inhalation de poudre.

Les personnes suivant un régime alimentaire strict ou raisonné ainsi que les personnes présentant des intolérances partielles ou totales devront s'assurer de la compatibilité des produits utilisés. Il leur est alors vivement recommandé de prendre conseil auprès du professionnel de santé qui les accompagne. Nous sommes disposés à adresser aux médecins toutes les informations nécessaires pour évaluer les produits sur base de nos fiches techniques et bulletins d'analyses.

Vous vous considérez en bonne santé et ne faites pas partie de la catégorie des personnes sensibles ? Méfiez-vous. Pour l'industrie de l'additif, vous êtes en bonne santé si vous supportez la totalité de ses produits. D'ailleurs, selon le Prof. Dr. Thorsten Zuberbier, médecin à la Charité à Berlin, environ un tiers de la population pense ne pas supporter certains aliments, alors que seulement 5 % sont frappés par une vraie maladie qui leur interdit certains aliments.

Un tiers de la population serait donc « sensible » ?

« Les personnes suivant un régime alimentaire strict ou raisonné ainsi que les personnes présentant des intolérances partielles ou totales », c'est donc potentiellement tout le monde. Après tout, tout le monde pourrait avoir une intolérance, car, dans la vie de tous les jours, on n'est pas souvent exposé à douze ou trente plats à base d'additifs. Faites-vous donc tester pour savoir si vous supportez la cuisine moléculaire, c'est vivement recommandé.

L'entreprise est exceptionnellement honnête : comme tout le monde, elle sait que les additifs, surtout manipulés par des gens mal informés, peuvent poser des problèmes à un certain pourcentage de la population.

Depuis qu'on discute en public des additifs en cuisine, les sites web des distributeurs ont changé – c'est vrai aussi pour Texturas Adrià. Avant, c'était « Hourra, l'additif est arrivé ! » Maintenant, on trouve des pages entières qui recommandent de ne pas forcer le dosage. Signe des temps ?

Chapitre IX

La question des carraghénanes

« Carraghénanes: algue fourragère jaune clair, translucide, donnée au bétail. »

Le Larousse

« Les algues de Ferran Adrià alimenteront le monde », lisait-on en mai 2008 sur le forum Internet d'un important journal espagnol. Cette déclaration n'émanait heureusement pas d'un journaliste, mais d'un lecteur attentif qui faisait allusion aux Texturas Iota et Kappa, des composés dérives d'algues à la portée de tout cuisinier en herbe. Puisse-t-il se tromper. Le corps n'assimile pratiquement pas les carraghénanes, ce qui ne signifie pas pour autant que leur ingestion soit inoffensive et sans conséquence. Et même si les associations de consommateurs ne considèrent pas comme dangereux l'E 407, le débat sur la tolérance des carraghénanes divise la communauté médicale à l'insu de l'opinion publique.

Les expériences sur les animaux ont démontré que les carraghénanes dégradés (déconstruits) affectent les cellules du système immunitaire et peuvent entraîner la formation de tumeurs. Le Comité scientifique de l'alimentation humaine de la Commission européenne (SCF, pour Scientific Committee on Food) préconise, par conséquent, que soit limité au maximum dans l'E 407 le contenu en carraghénanes dégradés. En 2003, le SCF a également recommandé l'interdiction de l'E 407 dans l'alimentation des nourrissons.

Voici l'avis du docteur Joanne K. Tobacman, de l'Université de l'Illinois à Chicago, au sujet de la cuisine moléculaire et des doses de carraghénanes :

> Au cours de nos travaux sur les cellules intestinales humaines et les tissus du colon, nous avons utilisé une concentration de carraghénanes de l'ordre de 1 μg/ml, une proportion très faible, donc. Si l'on tient compte que l'ingestion humaine de carraghénanes s'élève probablement à au moins 100 mg/jour pour un contenu intestinal de 3500 ml, nous en arrivons à une concentration de 100 mg/3500 ml, soit 30 μg/ml, autrement dit trente fois la dose utilisée dans nos expériences. La production de carraghénanes dégradés à partir de carraghénanes de poids moléculaire supérieur se produit par digestion acide, comme dans l'estomac, à l'aide de bactéries semblables à celles de notre tube digestif, soit sous l'effet de la chaleur, soit par le biais d'un processus mécanique. Au final, il est impossible de faire la distinction entre une exposition à des carraghénanes dégradés ou pas…
>
> Augmenter l'ingestion de carraghénanes en partant du fait qu'on ne les absorbe pas et que, par conséquent, ils ne sont pas source de calories me paraît une idée des plus néfastes.

Les doses de carraghénanes préconisées sur le site Internet de Texturas se situent entre 0,3 et 3 grammes. Dans ses travaux de recherche, le docteur Tobacman, elle, se base sur une consommation quotidienne de 0,1 gramme, une dose qui pourrait, selon ses conclusions, produire des cancers intestinaux. Elle l'explique de manière exhaustive dans le numéro d'octobre 2001 d'*Environmental Health Perspectives*.

> « Même si en 1982 le Centre international de recherche sur le cancer a obtenu sur les animaux des preuves suffisantes du caractère cancérigène des carraghénanes dégradés pour considérer que le risque de cancer existait chez les humains, ces substances s'emploient encore aujourd'hui comme agents épaississants, stabilisants et texturants dans une grande quantité d'aliments fabriqués, très présents dans l'alimentation occidentale. J'ai analysé les

données expérimentales concernant les effets des carraghénanes en examinant tout particulièrement l'apparition d'ulcérations et de néoplasmes associée à l'exposition aux carraghénanes. J'ai également étudié dans des sources autorisées les mécanismes de production de carraghénanes dégradés à partir de carraghénanes non dégradés ou natifs, ainsi que les données concernant l'ingestion de carraghénanes. L'examen de tous ces paramètres a démontré que l'exposition aux carraghénanes, qu'ils soient dégradés ou non, est associée à l'apparition d'ulcérations et de néoplasmes intestinaux. Ces incidences sont dues à la contamination des carraghénanes non dégradés par des composés de faible poids moléculaire, à la métabolisation spontanée des carraghénanes par hydrolyse acide dans des conditions de digestion normales ou aux interactions avec les bactéries intestinales. En 1972, l'Administration américaine pour l'alimentation et les médicaments avait déjà considéré la restriction des carraghénanes dans l'alimentation à une moyenne de poids moléculaire supérieur à 100 000. Mais cette résolution n'a jamais été promulguée, pas plus qu'aucune régulation postérieure n'a limité l'utilisation de ces substances. Pourtant, le caractère cancérigène des carraghénanes dégradés, démontré sur les animaux, ainsi que les effets cancérigènes des carraghénanes non dégradés, détectés dans des modèles expérimentaux, justifient pleinement une réévaluation de la place considérable de ces additifs dans l'alimentation occidentale.

Les résultats d'alors :

Les preuves les plus importantes étayant l'argumentation en faveur d'une reconsidération de l'utilisation des carraghénanes comme additifs alimentaires sont les suivantes :

– Les expériences sur les animaux ont démontré que les carraghénanes dégradés sont cancérigènes ;

– On sait que les carraghénanes non dégradés sont cancérigènes sur des modèles animaux de carcinogenèse ;

– Sur des modèles animaux, les carraghénanes dégradés et non dégradés sont associés au développement d'ulcérations intestinales comme les colites ulcéreuses ;

> – L'hydrolyse que peut déclencher l'exposition à l'acide gastrique de l'estomac humain est susceptible de provoquer une dépolymérisation des carraghénanes non dégradés ainsi qu'une production de carraghénanes dégradés;
>
> – Les carraghénanes qui conviennent à la consommation peuvent subir la contamination de carraghénanes de faible poids moléculaire ou dégradés durant la digestion des aliments;
>
> – Mesurer la viscosité pour caractériser un échantillon de carraghénanes ne suffit pas, car la présence d'un petit nombre de grandes molécules (et les carraghénanes non dégradés peuvent présenter un poids moléculaire qui se mesure en millions) pourrait altérer une part significative de poids moléculaire faible. Le rôle potentiel des carraghénanes dans le développement de tumeurs malignes et de maladies inflammatoires dans le gros intestin exige une réévaluation minutieuse de l'utilisation répétitive de cette substance comme additif alimentaire.

Le docteur Tobacman ajoute cent quarante notes de bas de page concernant d'autres travaux de recherche qui pour la plupart ont conduit aux mêmes résultats que les siens.

En mars 2008, elle a présenté avec ses collègues Sumit Bhattacharyya, Alip Borthakur et Pradeep K. Dudeja de nouveaux résultats.

> De nombreux modèles animaux ont démontré que la consommation régulière de carraghénanes (CGN) comme additif alimentaire provoque des inflammations et des néoplasmes intestinaux. Les premiers travaux que nous avons menés pour déterminer les effets de l'exposition aux CGN dans les cellules épithéliales intestinales humaines (ICE en anglais) de tissus ont prouvé l'effet de concentrations très faibles (1-10 mg/l) de CGN non dégradés et de poids moléculaire élevé. Ces concentrations de CGN sont inférieures à celles d'une exposition du colon humain aux CGN dans une alimentation occidentale normale. Dans la ligne des cellules épithéliales du colon humain NCM460 et dans les cellules épithéliales primaires du colon humain qui ont été exposées à des CGN durant 1-18 jours, nous avons observé une augmentation de la mortalité cellulaire, une réduction de la prolifération cellulaire et un arrêt

> du cycle cellulaire par rapport aux cellules de contrôle non exposées. Au bout de 6-8 jours d'exposition aux CGN, le pourcentage de cellules qui sont revenues à G0-G1 a baissé de manière significative, tandis que le pourcentage de cellules en phases S et G2-M a considérablement augmenté. Après l'exposition aux CGN, des augmentations actives en p53, p21 et p15 se sont produites, qui coïncident avec l'arrêt du cycle cellulaire induit par les CGN. Certaines données supplémentaires telles que la chaîne d'ADN, la tache occidentale de polymérases riboses de poly-ADP, les taches d'ADN nucléaires ainsi que l'activité des caspases 3 et 7 n'ont pas apporté les preuves d'une augmentation d'apoptoses consécutive à l'exposition aux CGN et sont cohérentes avec la mort cellulaire nécrotique induite par ces substances. Ces données étayent, pour la première fois croyons-nous, les notables effets adverses des faibles concentrations de CGN dans la survie des cellules épithéliales intestinales humaines normales et suggèrent que l'exposition aux CGN peut contribuer au développement de pathologies intestinales chez l'homme.

En d'autres termes : selon le docteur Tobacman et ses collègues, la consommation régulière de carraghénanes, celle des Texturas Iota et Kappa par exemple, peut occasionner dans le pire des cas un cancer intestinal.

Les additifs utilisés à hautes doses dans la cuisine moderne sont donc ici vus sous un jour bien différent.

L'industrie se sert des carraghénanes dans de nombreux desserts et préparations lactées. Il en existe bien des recettes dont on peut citer quelques exemples.

Gélatine

Ingrédients en pourcentages

Eau 80
Sucre 15
Acide citrique 2,5
Citrate tripotassique 2
Carraghénanes 0,25
Gomme de caroube 0,25

Recette

Mélanger les gommes et le sucre, puis disperser le tout dans de l'eau chaude. Remuer jusqu'à dissolution complète, emballer et pasteuriser dans les emballages. Stocker à température ambiante.

Flan au chocolat – crème dessert type flan au goût de chocolat

Ingrédients en pourcentages

Eau 74,1
Sucre 10
Lait écrémé en poudre 10
Amidon de maïs 3
10 % de cacao alcalisé 2,5
Carraghénanes 0,4

Recette

Mélanger tous les ingrédients. Pasteuriser, puis homogénéiser. Ajouter l'arôme et le colorant de chocolat en quantités suffisantes. Pour cette recette, il vaut mieux employer des carraghénanes ou furcellaran de type Kappa.

On utilise aussi les carraghénanes dans la fabrication d'alimentation pour animaux.

Nourriture pour animaux – viande en gelée

Ingrédients en pourcentages

Morceaux de viande 50
Eau 48,9
Carraghénanes 0,5
Gomme de caroube 0,5
Chlorure de potassium 0,1

Recette

Disperser les carraghénanes, les sels et la gomme de caroube dans l'eau. Ajouter la viande, mélanger, emballer et distribuer.

Ces quelques exemples de recettes sont extraits du site Internet www.cybercolloids.net. La propriétaire en est la société irlandaise CyberColloids Ltd, qui se trouve à Carrigaline, comté de Cork.

Comparons brièvement avec des exemples de recettes de la cuisine moléculaire contenant, par exemple, l'agent de texture Kappa: pour l'ambre de cèpes, on utilise 5 cèpes frais, 200 g de bouillon de cèpes et 3 g de carraghénane Kappa.

Ou avec le texturant Iota: une gelée de lait se prépare avec 200 g de lait et 0,6 g de carraghénane Iota.

Le dosage industriel de carraghénanes se situe entre 0,25 et 1 g pour 100 g de gelée ou de glaçage qui ne constituent en eux-mêmes qu'une partie de la recette totale.

Par contre, les exemples de recettes des Texturas Adrià préconisent pour 100 g de gelée 0,75-1,5 g de carraghénane Iota ou 0,3 g de carraghénane Kappa.

Ainsi, un additif officiellement catalogué comme non dangereux dévoile un tout autre visage à haute dose. Aucun cuisinier n'a voulu nous révéler la quantité de carraghénanes contenue dans un menu moléculaire de vingt plats ou plus.

Les cuisiniers moléculaires répètent à l'envi que les carraghénanes sont des algues, dont l'évocation suggère le nori ou sushi, ce qui n'est vrai qu'en partie. Cela fait partie de la légende de l'additif naturel que bon nombre de cuisiniers, lobbyistes et représentants de l'industrie chimique nous servent tous les jours.

La légende de l'additif naturel

« Les additifs sont naturels, ils existent depuis des milliers d'années » – des chefs, des distributeurs de produits chimiques alimentaires et maintenant des eurodéputés essayent de brouiller l'esprit du consommateur avec cet argument.

Effectivement, tout chose sur terre peut être à l'origine d'autres choses. Les substances dont sont dérivés les additifs, on les trouve dans la nature. La même chose est d'ailleurs vraie pour l'uranium enrichi, la strychnine ou l'arsenic.

Les additifs ont été à quelques exceptions près développés pour les besoins des usines de l'agroalimentaire. Auparavant aucun être humain ne les avait connus ou goûtés. Par exemple, le Xanthane, substance qui résulte des travaux d'Allene Rosalind Jeanes (1906-1995) du Département américain de l'agriculture. Cette spécialiste des polysaccharides a inventé le Xanthane, qui a été commercialisé depuis les années 1960. Personne n'avait avant goûté les sauces de salades industrielles, auxquelles le Xanthane donne une meilleure fluidité. Bien évidemment, quelque chose d'entièrement naturel est à l'origine du Xanthane : la bactérie *Xanthomonas campestris*. Elle est surtout connue pour causer un certain nombre de maladies des plantes.

Autre exemple : les carraghénanes, des dérivés des algues rouges, célèbres en cuisine moléculaire pour leur pouvoir gélifiant. Le magazine *Apicius* nous montre des assiettes d'algues maritimes bien fraîches qui donnent envie de quelques makis dans un bon restaurant japonais. Mais attention. Il ne s'agit pas de l'algue, mais de son dérivé. Le carraghénane est le nom donné au mélange des esters hydrosolubles d'acide sulfurique de galactane, ou des mélanges ou des complexes de sel de sulfate de polysaccharide trouvés dans certaines espèces d'usines marines de la classe *Rhodophyceae*, les exemples typiques étant : *Chondrus crispus*, *Gigartina stellata* et *radula*, *Eucheuma striata, cottonii* et *spinosum* (source : Uniroyal Limited, Canada).

Il existe différentes méthodes pour extraire le carraghénane des algues marines. Le brevet : United States Patent 3907770 de Uniroyal Limited (Montréal, Canada) de 1975 recommande de l'obtenir en le faisant bouillir dans un mélange d'eau et d'hydroxyde de calcium ou dans un mélange d'eau et d'acide nitrique ou d'acide sulfurique ou d'acide hydrochlorique.

L'acide nitrique est fabriqué à base de salpêtre et d'acide sulfurique et était utilisé autrefois par les graveurs de cuivre. L'acide sulfurique, un acide minéral fort, était autrefois connu sous le nom de vitriol. Tous les deux sont des constituants des pluies acides.

Quant à l'acide hydrochlorique, c'est aussi un additif. Et voilà que le langage change : les fabricants soulignent sur leurs sites web que cet acide se trouve dans notre estomac et dans l'eau, près des volcans. Mais l'acide hydrochlorique est fortement corrosif en forme concentrée. C'est un poison dont l'inhalation des vapeurs peut provoquer toux, suffocation, inflammation du nez, de la gorge, et des voies respiratoires supérieures, et dans des cas graves, un œdème pulmonaire, une défaillance circulatoire et la mort. Une ingestion d'acide chlorhydrique peut provoquer des douleurs immédiates et des brûlures à la bouche, à la gorge, à l'œsophage et au tube digestif, peut provoquer des nausées, des vomissements, et une diarrhée, et dans des cas graves, la mort. En contact avec la peau, il peut provoquer une rougeur, des douleurs, et des brûlures graves de la peau. Des solutions concentrées provoquent des ulcères sérieux et décolorent la peau.

Mas revenons à notre carraghénane : ce qu'il sort du « bouillon d'acide » n'est en aucun cas une algue. Et c'est tant mieux, car sans cette préparation, il serait impossible d'utiliser l'additif dans l'élaboration de crèmes à chaussures, dentifrices, cires et autres parfums d'ambiance.

Je déconseille cependant d'essayer ce genre de recette à la maison avec pommes, poires ou cerises.

Et la méthylcellulose que les chefs font gonfler pour économiser de l'argent ? Elle est synthétiquement produite en laboratoire. Il suffit de chauffer de la cellulose avec une solution caustique (par exemple une solution de l'hydroxyde de sodium) et en la traitant avec du chlorure méthylique. La méthylcellulose est d'ailleurs très utile comme colle à papier peint, des nombreuses entreprises l'utilisent dans le secteur du bâtiment pour améliorer le ciment (même si, les méthylcelluloses du bâtiment sont souvent mélangées au Glyoxal pour la rendre encore plus soluble dans l'eau – ce qui est une différence notable avec la méthylcellulose en cuisine). C'est finalement aux États-Unis un laxatif très efficace que son fabricant recommande de consumer avec modération et avec un grand verre d'eau.

Quant au Sucroester, alias « Sucro », il est préparé à partir du sucrose et des esters méthyliques et éthyliques des acides gras de nourriture ou par l'extraction à partir des sucroglycérides. Seulement les dissolvants suivants peuvent être employés pour la production : formamide diméthylique, sulfoxyde diméthylique, acétate éthylique, isopropanol, propylèneglycol, isobutanol et cétone éthylique méthylique.

Les esters polyglycériques (E 475) sont formés chimiquement par l'estérification des acides gras, en grande partie saturés ou mono-insaturés, à un ou plusieurs groupes d'hydroxyles de polyglycérol (Dobson KS et autres, JAOCS 1993, 70, 1089). L'estérification est le nom général pour une réaction chimique dans laquelle deux réactifs (typiquement un alcool et un acide) forment un ester comme produit de réaction.

Qu'en est-il du curdlan, dont nous parle le *Léxico científico gastronómico* de la Fundación Alícia et El Bulli Taller ? C'est un polysaccharide, produit par des bactéries du genre *Alcaligenes* comme *Alcaligenes faecalis* var. *myxogenes*. Un processus découvert et décrit en 1966 par Tokuya Harada (Harada, Masada, Fujimori et Maeda, « Production of a firm, resilient gel-forming polysaccharide by a mutant of *Alcaligenes faecalis* var. *myxogenes* 10C3 », dans *Agricultural Biological Chemistry*, no 30, 1966)

Si la bactérie *faecalis* fait partie de la nature, il n'en va pas de même pour le processus de production du curdlan.

Naturel est, par définition, tout ce qu'il vient de la nature. Tant qu'on ne découvre pas un champ de carraghènes, un buisson plein d'esters de polyglycérine, une vache à polyols ou une côtelette d'alginates, ces produits ne sont pas naturels. L'unique but de leur fabrication est de faciliter le travail de l'industrie agroalimentaire, de garder les textures de la nourriture industrielle intactes et d'obtenir des DLV élevés. Ce qui n'est pas mauvais en soi : en cela, l'additif rend la nourriture industrielle moins chère. Sans DLV élevé, il faudrait réapprovisionner nos supermarchés tous les trois jours et jeter d'énormes quantités de marchandises.

IL faut d'ailleurs se méfier de tous ces marchands de miracles culinaires qui nous promettent des produits qu'ils déclarent explicitement comme « naturels ». Le poissonnier dira-t-il que son poisson est « naturel » ? La maraîchère, va-t-elle vous proposer des salades « naturelles » ? Qui ne regarderait pas d'un œil méfiant le poissonnier aux poissons naturels ?

Mais il y a des gens qui, parfois par intérêt commercial, parfois par jeu intellectuel, peuvent s'amuser à semer le doute dans notre ressenti de ce qui est bon et naturel. Les côtes de bœuf, on les découpe, non ? Le poisson, on le vend en filet, non ? Mais le filet n'est pas dans la nature. Donc le filet de poisson ne serait pas naturel. De là, il n'y a qu'un pas pour mettre au même niveau transformation par l'acide, élevage et découpage. Parmi les maîtres de ce jeu d'argumentation pernicieuse sont le chimiste Hervé This et son confrère italien Dario Bressanini. Ce dernier répète sans cesse que notre perception du naturel est culturelle. Fort heureusement qu'elle l'est. Et elle est, la plupart de temps, saine et bonne.

CHAPITRE X

L'expérience fast-food

« En fait, on est censés manger ça. »
Dr Coffey,
Wall Street Journal, 1990

Les grands cuisiniers ne sont pas les seuls à manipuler les carraghénanes, sucroesters et autres celluloses. L'industrie du fast-food a fait ses expériences avec les additifs du moléculaire. Et comme je l'ai dit plus haut, l'accueil du public a été plutôt froid. Le burger au dérivé d'algue passait mal.

Ruth Armstrong, de Jonesville, Michigan, par exemple, s'est aperçue de l'apparition d'un nouveau « syndrome du restaurant » : les chefs de cuisine glissant régulièrement de la méthylcellulose ou des extraits d'algues dans leurs plats, elle souffrait souvent de diarrhées. Le 19 janvier 2001, cette femme de tête écrivit une requête à l'Autorité de surveillance de l'alimentation (AVA), appuyée sur un florilège d'anecdotes personnelles et de coupures de presse :

> En passant en revue les nombreuses « interviews » que j'ai rassemblées, j'observe que le problème de la méthylcellulose ne se limite sans doute pas aux personnes qui, comme moi, souffrent d'une intolérance au gluten/lactose. Je crois que les gens présentent en fait différents SEUILS de tolérance face aux produits contenants de la cellulose. De sorte que, quand une personne mange, disons,

un plat principal avec de la méthylcellulose en sauce, une salade assaisonnée à la méthylcellulose, puis une pâtisserie qui contient de la méthylcellulose, et pour finir un gâteau aux pommes qui en contient aussi dans la glace qui l'accompagne… cette personne peut finir par avoir des « surprises ». Or, la prochaine fois que cette personne mangera la même chose, mais dans un autre restaurant, il se peut que les plats contiennent moins de méthylcellulose, voire pas du tout. Du coup, on dira qu'elle a souffert d'un certain type d'« intoxication alimentaire », notamment si elle était de passage dans le coin et ne reviendra plus jamais manger dans le restaurant en question.

Objectif d'Armstrong : les chefs cuisiniers devraient informer clairement leurs clients de la présence de ces deux substances.

AU SECOURS ! Je ne suis pas en train de réclamer l'interdiction de la méthylcellulose ou des carraghénanes. Ce que je souhaite, tout simplement, c'est que la présence de ces produits soit clairement indiquée sur les menus des restaurants, mais aussi dans les trains ou les avions (qui devraient pouvoir offrir des menus exempts de ces substances). Et je pense aussi que tous les euphémismes que l'on emploie aujourd'hui pour faire allusion à ces additifs, du type « gomme végétale modifiée » ou « gomme d'hydrate de carbone », devraient être bannis au profit d'une utilisation des noms authentiques de « méthylcellulose » et « carraghénanes » et ce, quels que soient les biens de consommation qui les contiennent.

Sept mois plus tard, cette requête fut rejetée : madame Armstrong n'avait pas apporté suffisamment de données scientifiques pour étayer sa demande.

Cette dame ne se doutait probablement pas que dans la lointaine Europe les substances auxquelles sa lettre se référait seraient bientôt le nec plus ultra de la haute cuisine.

Le jour où madame Armstrong rédigeait sa lettre, elle avait eu son comptant de chimie alimentaire. En 1991, McDonald's avait lancé sur le marché américain son « McLean-Deluxe », un hamburger rendu compact grâce aux carraghénanes. Il faut reconnaître

> en l'honneur de la chaîne de fast-food que le débat scientifique autour des carraghénanes n'avait pas à l'époque, tant s'en faut, pris l'ampleur qu'on lui connaît aujourd'hui. Au mois de mars de cette année-là, le *New York Times* informait des premières difficultés rencontrées dans la commercialisation du « hamburger light » : dans la fabrication de son McLean Deluxe, McDonald's utilise des carraghénanes, un extrait d'algues marines qui permet à l'eau d'adhérer à la viande maigre et de lui conférer une humidité qui la rend moins sèche. On ajoute aussi au steak un arôme artificiel de veau pour remplacer le goût naturel volatilisé à cause du faible contenu en graisse. Le produit va sûrement faire les gorges chaudes des concurrents qui s'empresseront de ridiculiser ces succédanés de nourriture. « Chez nous, on ne vend pas d'hamburger fait avec de l'eau et des algues marines », a déjà déclaré John Merrit, porte-parole de la société rivale Hardee's Food Systems. « Les gens vont s'imaginer que l'industrie du fast-food altère leurs hamburgers en leur injectant des substances étrangères ».

L'analyse du concurrent Merritt a tapé dans le mille. Les consommateurs ont boudé le hamburger aux algues. Certains, comme Ruth Armstrong, se sont plaints ouvertement des troubles digestifs que leur avait occasionnés ce supplément d'algues.

Sous le titre « Pourquoi Dow Chemicals trouve que la bave est sublime », le *Wall Street Journal* informait sur la méthylcellulose le 15 septembre 1999. Dans le collimateur de l'article, le produit Methocel de Dow Chemicals, que l'on trouvait déjà dans quatre cents aliments, cachets, couleurs, shampoings, effets spéciaux pour le cinéma. Selon le *Wall Street Journal*, le Methocel fut un véritable fiasco au départ. Mais cela n'allait pas durer :

> L'énergique docteur Coffey, amateur de cravates à motifs culinaires, avait un plan. Le Methocel pourrait jouer un grand rôle dans l'expansion des affaires de Dow, ruminait-il… à condition de compter sur une équipe de scientifiques alimentaires. Pour triompher dans cette branche, « il faut être capable de faire comprendre aux gens pourquoi la sauce au fromage est pleine de grumeaux », pensait-il […]. Aujourd'hui, le département Methocel emploie

> trois cents personnes, dont quatorze scientifiques alimentaires. Les ventes se sont multipliées par des nombres à deux chiffres et concernent plus de deux cents produits différents [...]. En sa qualité de directeur du secteur alimentaire du Methocel, le docteur Coffey est persuadé que ce produit connaîtra l'avenir le plus brillant dans les rayons des épiceries [...], même si la plupart des vendeurs ne s'en vanteront pas [...]. De nouveaux usages alimentaires ne cessent de voir le jour [...]. Les fabricants de pizzas congelées ont eu des problèmes avec l'excès de graisse. En effet, quand on chauffe des pepperonis au four, le Methocel absorbe la graisse à mesure que celle-ci se gélifie [...]. Le dernier né de la ligne Methocel, est un produit appelé Supergel susceptible de remplacer le blanc d'œuf [...]. « C'est le produit sexagénaire le plus jeune qui soit », insiste le docteur Coffey.

L'article se conclut avec cette phrase du docteur : « On a une occasion et une seule de marquer des points pour son camp, dit-il. Et un de ces points, en l'occurrence, c'est que manger ça, c'est OK. En fait, on est même censés manger ça ».

Susan Warren, quant à elle, dresse avec humour la liste des domaines d'application les plus divers de la cellulose, depuis la bave de dinosaure du film *Jurassic Park* jusqu'au laxatif Citrucel, en passant par les rouelles d'oignons, les vinaigrettes, les capsules à médicaments et les succédanés de viande.

Déjà à l'époque la « texture » était au centre des conversations entre industriels de l'alimentation : « Le Methocel fait que le fromage ressemble davantage à du fromage ; il rend les sauces plus crémeuses, les farces plus consistantes », assurait le directeur d'une société d'aliments congelés qui a tenu à rester dans l'anonymat. Un de ses confrères ajoute : « Sans lui, le résultat serait ou trop mou ou trop dur ou trop flasque ». De là sont donc nés les remèdes miracles de la cuisine moderne : de laboratoires qui ont inventé la pizza congelée et la fausse viande. Aucun de ces fabricants n'était réellement fier de ce recours à la chimie. Ils n'ont accepté de se confier à la rédaction du *Wall Street Journal* que sous le couvert de l'anonymat.

Comment se fait-il que, même dix ans après, de tels dérivés d'algues et de cellulose ne soient pas sur la sellette ? Comment se fait-il qu'ils soient en vente dans les épiceries fines en France et en Europe ? Et comment se fait-il que des chefs soient vénérés pour des innovations vieilles de plusieurs décennies ? À l'époque du Dr Coffey, trois cents personnes, dont quatorze scientifiques, travaillaient dans le département Methocel (pour méthylcellulose). Nos cuisiniers se rêvent d'avant-garde et nous servent une « ré-invention » des méthodes de l'industrie alimentaire d'il y a trente ans. Et nous, en applaudissant, on avale ce pot-pourri des mensonges gentiment soutenu par la critique gastronomique. Pourquoi ?

C'est dans le mythe du « cuisinier inventeur » que se trouve en partie la réponse à la question.

CHAPITRE XI

Le mythe du « cuisinier inventeur »

« Les innovations auxquelles nous travaillons ne passeront que si elles sont acceptées par les grands chefs, qui sont les seuls à même de leur conférer argument d'autorité. »

Le chimiste Hervé This, dans le magazine spécialisé *L'Hôtellerie* (édition du 12 août 2004) à propos du projet INICON.

Les cuisiniers soi-disant géniaux tels que Blumenthal et Adrià ne sont, aux yeux de This, ni des acteurs ni des inventeurs, mais des « arguments d'autorité » dont dépend l'acceptation sociale de la chimie alimentaire.

La vision que nous, les clients, avons des cuisiniers n'est que partielle. Ils disposent quant à eux de leurs propres laboratoires où ils inventent, testent et développent de nouvelles techniques comme la sphérification, consistant à façonner des billes d'aliments qui éclatent en bouche. Après tout, monsieur Adrià dit avoir besoin de six mois par an pour faire des recherches.

Voici ce que dit le *Léxico científico gastronómico* sur l'alginate de sodium : « Son pouvoir gélifiant au contact de sels de calcium a permis de développer une technique culinaire de gélification externe, inventée par le restaurant El Bulli (2003)… » : la fameuse sphérification, justement, le plat phare de la cuisine moléculaire, à El Bulli et par Ferran Adrià, son inventeur. Aux États-Unis, ce serait un « *signature dish* ».

Les cuisiniers se seraient-ils transformés d'un coup en véritables inventeurs ?

Werner Mlodzianowski, gérant du Centre de transfert des technologies de Bremerhaven et directeur du projet INICON, financé par l'argent des contribuables, dément :

> Les techniques mises en œuvre dans la cuisine moléculaire sont depuis des lustres pratiquées dans l'industrie. Les cuisiniers n'ont rien inventé.
>
> Les cuisiniers ne sont d'ailleurs pas formés pour « inventer ». Quant aux laboratoires, ils représentent un investissement fort coûteux.
>
> Je connais le « laboratoire » d'Adrià. On se contente en fait d'y tester des recettes. Des analyses au stockage, le lieu n'est pas approprié aux recherches.

Alors, serait-ce lui, Mlodzianowski, l'inventeur des fameuses recettes d'Adrià et de Blumenthal ? Le gérant s'en défend : « INICON est un projet subventionné par les deniers publics, les résultats sont donc tous à la disposition de tout le monde et non pas réservés à une poignée de professionnels. Si un partenaire ou un cuisinier déposait son propre brevet, ce serait différent. Mais ce n'est pas le cas ».

Une analyse en profondeur de la sphérification permet d'attester la véracité des affirmations de Mlodzianowski. Cette invention, c'est El Bulli qui est censé l'avoir faite en 2003.

Le 15 juillet 2002, Sarkis Alamian et Gagik Gevorgyan ont sollicité la délivrance d'un brevet d'invention pour un succédané de caviar. Ce brevet, accordé le 3 août 2004 sous le numéro 6770311, porte sur des techniques de sphérification :

> Le processus de fabrication d'un faux caviar ou de granulés dans du sirop passe par les phases suivantes : verser doucement 10 grammes de fine poudre de Kappa carraghénane destinée à la consommation alimentaire dans 1 litre d'eau filtrée et agitée vigoureusement ; chauffer le tout à 85 °C pour dissoudre le Kappa carraghénane ; ajouter dans cette solution 50 grammes de colorant alimentaire, 40 grammes d'arôme artificiel alimentaire de poisson et 20 grammes de chlorure de sodium alimentaire ; agiter jusqu'à

l'obtention d'un mélange homogène au goût de poisson ; le verser au travers d'une aiguille dans un réservoir à basse pression muni d'un dispensateur d'aiguilles, tout en maintenant une pression externe d'environ 1 atmosphère ; à l'aide d'un compte-gouttes, introduire le mélange au goût de poisson dans un bain d'huile alimentaire agité et chauffé, la couche supérieure de ce bain d'huile devant atteindre une température de 85 °C, tandis que la couche inférieure se maintient à environ 10 °C ou 15 °C. La préparation au goût de poisson formera normalement des granulés sphériques d'un diamètre compris entre 2 et 4 millimètres. Une pellicule protectrice enveloppe l'intérieur gélifié dans le bain d'huile chaude. Extraire ces granulés du bain d'huile, puis les rincer sous une eau à 15 °C environ, afin d'éliminer tout reste d'huile. Rassembler 1 kilo de granulés nettoyés, 30 grammes d'arôme artificiel alimentaire à poisson, 30 grammes de chlorure de sodium alimentaire ou de carboxyméthylcellulose à usage alimentaire, puis mélanger doucement et soigneusement jusqu'à ce que la distribution soit uniforme. Le faux caviar est prêt. [...]

Les matières d'encapsulation à usage alimentaire doivent pouvoir former une coquille ou membrane et inclure, séparément ou en association avec des gommes à usage alimentaire telles que des hydrocolloïdes, des protéines, collagènes, lipides, épaississants, plastifiants, qui à leur tour contiennent les matières ou substances suivantes : gélatine, gélatine de poisson, gélatine de bœuf, gélatine de porc, caséinates, pectines, carraghénanes, alginates, hydrogel de chitosane et chitine, konjac, curdlan, furcellaran, gomme gellane, pullulane, alginate de propylène glycol, gomme agar-agar, gomme xanthane, gomme de caroube, gomme de prosopis, protéines de lactosérum isolées et/ou concentrées, protéines de soja isolées et/ou concentrées, gluten de blé, galactomannanes, protéines de lait, cellulose et dérivés dont : cellulose bactérienne et microcristalline, xyloglucane de cellulose, B-glucane, albumine, biopolymères comestibles, biopolymères émulsifiants. La matière d'encapsulation doit être stable à la lumière et à des températures comprises entre 10 °C et 80 °C On exposera ci-dessous la meilleure encapsulation à usage alimentaire.

La sphérification, ce n'est pas non plus le fait d'Alamian. Ce dernier n'a aucunement d'ailleurs l'intention d'en réclamer la paternité et se contente de faire allusion à d'autres brevets. Par exemple, à celui des « capsules comestibles en forme de perles » de Kemichiro Okamura et Shunpei Ito, déposé le 22 mai 1988 et accordé sous le numéro 5942266 :

> On façonne ces capsules à partir de gouttes liquides fabriquées grâce à une solution aqueuse composée d'une substance macromoléculaire hydrosoluble qui doit comprendre au moins une part de mucilage de coing, de substance oléagineuse, animale ou végétale, de sel métallique polyvalent et soluble dans l'eau, comme le chlorure de calcium par exemple, et de chlorure de sodium ; on verse ensuite cette composition dans une solution aqueuse de sel d'acide alginique hydrosoluble, de manière à former autour de ces fameuses gouttes liquides une pellicule imperméable d'acide alginique.
>
> Cette invention permet de produire à des fins commerciales des capsules comestibles en forme de perles renfermant une grande quantité de substance oléagineuse. Ce produit est des plus satisfaisants aussi bien sur le plan de l'apparence que celui de la saveur ou des propriétés nutritionnelles, des qualités qui lui assurent une haute valeur marchande.

La microsphère de Robert W. Lencki, brevet n° 4 822 534 du 18 avril 1989 va dans le même sens :

> Même si le choix de la nature de l'agent immobilisant n'est pas critique et s'il convient de laisser à un expert en art le soin de décider du matériel à employer, la solution doit normalement comprendre un polysaccharide tel que l'alginate de sodium, de l'alginate de potassium, des carraghénanes, de la gomme adragante, du pectate de sodium et similaires. En règle générale, même si le meilleur agent immobilisant reste l'alginate de sodium, il peut être constitué en réalité de n'importe quel polymère polyanionique.

Exemple d'une recette de Lencki :

> Une base gélifiante se prépare de la manière suivante : dans une centrifugeuse Waring, mélanger à grande vitesse pendant 2

minutes 200 ml d'eau distillée et 5,5 g d'alginate de sodium. On ajuste à 7,0 le pH de la solution en ajoutant à peu près 0,25 g de citrate de sodium. Préparer ensuite une suspension de 12 % de citrate de calcium en versant 1,2 g de citrate de calcium en poudre dans 10 ml d'eau distillée. Ajouter alors les 10 ml de suspension à la solution d'alginate préalablement préparée et mixer le tout dans la centrifugeuse Waring TM pendant 5 minutes. Dorénavant, le résultat de cette opération portera le nom de base gélifiante concentrée.

Exemple également du « succédané de caviar » de Grigory Slonimsky du 20 février 1973, brevet n° 3717469 :

L'invention dont il a été question ci-dessus visant à l'obtention d'un produit alimentaire à base de protéines granulées se prépare de la manière suivante : on utilise un gel mixte de gélatine (3-10 % du poids) et du pectinate ou de l'alginate de calcium (0,2-5 % du poids), ou encore des alginates ou pectinates d'autres métaux bivalents.

Tous ces brevets de sphérification ont également leurs antécédents : si on les regroupait tous, on en ferait un recueil d'une épaisseur conséquente. Dans son brevet 4362748, l'inventeur nord-américain James P. Cox envisageait déjà d'allouer à ses méthodes de sphérification des usages bien différents :

Avant cette invention, il n'existait aucun appareil ou méthode qui permette l'obtention d'appâts présentant une aussi grande diversité de formes. L'opération consiste à introduire une solution aqueuse d'alginate dans un bain aqueux de calcium qui contienne une petite quantité de chlorure de calcium, inférieure à 2 %, de l'ordre de 0,1-0,2 % de préférence. Aussitôt, la petite dose de solution aqueuse d'alginate adoptera complètement ou presque la forme ou configuration souhaitée.

Cox n'en oubliait pas non plus l'arôme :

Il convient d'inclure dans la base divers arômes dont on sait qu'ils attirent les poissons : le rhodinol (ou huile de rose) par exemple, mais aussi de l'anis, des huiles ou jus de poissons, du menthol ou autres.

Outre les appâts, Cox s'est aussi intéressé aux succédanés de caviar ou aux billes de faisselle. Il proposait également d'élargir les domaines d'application de la sphérification à la fabrication de boulettes pour chats et chiens.

Bref, une méthode telle que la sphérification est vieille de plusieurs dizaines d'années. Comme dans le cas des additifs mis en œuvre par l'industrie alimentaire, cette composante-ci de la cuisine contemporaine n'est pas non plus le fait d'un cuisinier ni de son laboratoire. Exit le plat phare de la cuisine moléculaire – c'est un rejeton de l'industrie alimentaire et, avant la cuisine moléculaire, aucune entreprise n'en voulait. Même pas pour les chiens ou les chats ou comme appâts pour la pêche.

Il n'est pourtant pas étonnant que cette méthode ait été validée comme telle dans la production du faux caviar. Un autre exemple de comment le *fake food* moléculaire troque nos aliments contre des produits chimiques bon marché.

Les cuisiniers, dont certains sont docteurs honoris causa en chimie, ont leurs propres sources d'investigation : le projet INICON et, dans le cas de Heston Blumenthal par exemple, l'Université de Nottingham, où les résultats des recherches sont également financés par l'argent des impôts.

Sur cette subvention indirecte dont bénéficie la cuisine moléculaire, la position d'Hervé This est aussi limpide que positive : « Agent de l'État, puisque je suis physico-chimiste à l'INRA, il est de mon devoir de rendre au contribuable le travail qu'il m'a payé ».

Mais au convive d'émettre une tout autre opinion, puisqu'il paie deux fois la facture de la cuisine moléculaire : en tant que contribuable d'abord, puis en tant que client du restaurant.

Le véritable inventeur parmi les cuisiniers

Il ne faudrait pas pour autant croire que toutes les histoires sur les cuisiniers créatifs sont fausses. Il existe un cuisinier titulaire d'un brevet. Il est espagnol et vit à Sant Andreu, en Catalogne. Le docteur Miguel Sanchez Romera a breveté un ingrédient naturel capable d'adopter les textures les plus diverses.

Directeur du restaurant L'Esguard, aujourd'hui fermé, au nord de Barcelone, Sanchez Romera partageait son emploi du temps entre le caviar, les poitrines de pigeonneaux et les filets de turbot du mercredi au dimanche, consacrant ses journées du lundi au mercredi aux lésions cérébrales accidentelles, à l'Alzheimer, au Parkinson ou à la sclérose en plaques. La première de ces deux vocations, il la menait au cœur d'un grand domaine vitivinicole au nord de Barcelone, entre un jardin exubérant et un bel arbre planté devant la lourde porte en bois ; la deuxième avait pour cadre l'hôpital de Granollers avec ses murs austères et ses étroits couloirs dépouillés. Hygiénique au possible, lavable de haut en bas, un bureau gris, un peu triste, un canapé, une table et très peu de soleil.

D'un côté, l'autodidacte qui, poussé par ses collègues médecins, avait jadis ouvert son établissement ; de l'autre, le chef du service de neurologie avec plus de vingt ans d'expérience.

« La neurologie, la bonne cuisine, au fond, tout cela c'est du pareil au même. C'est le cerveau qui est au centre de tout : il s'agit de sentiments, de souvenirs, de production d'idées. Seule la science me permet de cuisiner. Face aux fourneaux, je ne me demande pas : "Quel goût ça a ?", mais "Qu'est-ce que cela provoque dans le cerveau ? Comment perçoit-on le goût ? Qu'est-ce qui produit en nous le plaisir de manger ? Pourquoi un tel peut-il se contenter d'une boîte froide de raviolis tandis que tel autre se pourlèche à l'idée d'un pigeon ramier farci de foie gras ?..." Ou encore : "'À quelle température faut-il déguster la viande ou le poisson ?" Croyez-moi : les gens ont beau savoir cuisiner, on sait encore bien peu de choses sur la cuisine. »

Aussi Romera lui-même s'était-il mis à étudier la question de deux à six heures par jour pendant six ans, la plupart du temps avant même de se rendre à l'hôpital, après une nuit de trois heures au plus de sommeil. Jour après jour, il a épluché les recherches de ses collègues et observé l'évolution de ses propres patients dont le sens du goût avait changé suite à leurs lésions... Dans son bureau au-dessus de la salle, entre un florilège de livres de cuisine et des dizaines d'ouvrages de neurologie, sous un portrait du Christ et une photo de sa mère, le docteur Sanchez Romera a lentement échafaudé la recette du bon goût, correcte d'un point de vue médical, qu'il a progressivement glissée dans les cartes de son restaurant.

« La quête des aliments est, en principe, quelque chose de très simple. Le cerveau nous avertit dès que nous avons un besoin. Si mon travail intellectuel requiert des hydrates de carbone et du glucose, mon cerveau m'enverra le signal "Envie de pâtes et de sucre". Vient ensuite se greffer l'aspect culturel : seuls quelques aliments indigestes provoquent en nous un dégoût inné. Les textures caoutchouteuses, par exemple, nous les percevons comme antinaturelles. Ensuite, tout est question de culture. Les Chinois, par exemple, raffolent des textures molles, gélatineuses, comme les pattes de poulet bouillies, chose qui, chez nous, provoque un certain dégoût, au point même de déclencher des réactions physiques aussi violentes que le vomissement. Intervient finalement le goût de chacun qui varie en fonction de chaque individu. »

Dès lors que cette quête d'aliments se transforme en de la pure gourmandise, ce sont d'autres facteurs qui entrent en jeu. « Grâce au tomographe, mes collègues nord-américains disent avoir découvert que la nourriture stimule les mêmes régions cérébrales que la musique, le sexe ou la drogue. » Romera explique non sans circonspection : « À part ça, on trouve davantage de connexions neuronales chez les gourmets que chez les autres, car la gourmandise exige une bonne mémoire. Comment ce pigeon dans mon assiette se comporte-t-il par rapport aux autres pigeons que j'ai goûtés, qu'ils soient bons ou mauvais ? Les vrais gastronomes passent en revue leurs expériences de convives dans le grand album de leur mémoire olfactive ; ils sont capables de se souvenir d'une multitude de repas pris dans les endroits les plus divers. En cela, ils ressemblent un peu aux musiciens qui ont toujours en tête des dizaines ou des centaines de mélodies ». Et, de même qu'en musique, il dit des goûts : « Tous les excès sont malsains. Le bruit est mauvais pour les oreilles, les stimuli optiques, s'ils sont intenses et prolongés, sont mauvais pour la vue. Ce que l'on appelle douleur n'est autre qu'une stimulation intensive de nos nerfs. Je suis persuadé que l'excès de goût nous est tout aussi néfaste ».

Et puisqu'en cuisine les théories sont toujours plus floues que dans les autres domaines, Romera se place devant un couscoussier et, d'un geste précis, il casse un simple œuf de poule au-dessus d'un trépied métallique. Il saisit alors une poêle minuscule, mélange du jus d'oignon à une masse blanche qui ressemble de loin à de la colle liquide. Deux minutes et une petite boîte de caviar plus tard, et l'on a notre plat : « On dirait un œuf au plat tout simple avec une couronne de caviar autour du jaune, non ? Tenez, goûtez ». Sur ma langue, se mêlent alors le froid et le chaud, le liquide et le gélatineux, tout a l'air aussi familier qu'un œuf au plat et, pourtant, c'est différent. Différent, mais bon. Très bon, même. « On protège le jaune d'œuf de la chaleur grâce au trépied métallique », explique alors Romera avant de nous dévoiler son secret : « De cette manière, le jaune reste presque cru pendant que le blanc cuit. Le caviar, froid, est ajouté au dernier moment. Quant à la sauce, c'est à peine si on la voit : elle se compose de jus d'oignon et de micri ». De micri ? « Rien à voir avec le Japon, il s'agit d'une invention à moi ». Le regard fier, Romera sort de dessous de son plan de travail un énorme pot à confiture. « Goûtez sans crainte. Ça ne sent pas, ça n'a pas de goût, c'est incolore une fois préparé ». Effectivement, le micri dégage moins d'odeur que l'atmosphère de la cuisine.

Pendant des semaines, Romera y a travaillé, comme pour ce yaourt au goût plus intense et aux propriétés plus digestes dont personne, finalement, n'a voulu. « La production, c'est vrai, était trop chère ». Ou encore pour ce parfait papier de riz, dont il garde jalousement la recette. Mais le micri, lui, est breveté. Il sait magnifiquement « tromper » les organes sensoriels. Romera fabrique des perles de micri et d'épices, servies avec un friand de soubressade et de viande de gibier : chaque bouchée apporte une saveur légèrement différente de la précédente. Ou découpe des rectangles de sorbet au kiwi, à la fraise et à la mangue qu'il superpose ensuite à la manière d'une lasagne et qu'il accompagne de crème aux abricots : sans l'« ingrédient miracle », les rectangles de sorbet seraient durs comme de la pierre.

La formule de Romera à l'usage de la grande cuisine est déconcertante de simplicité : « Inviter à réfléchir ! Susciter l'intérêt ! Confondre expressément le cerveau sans l'étourdir ! Tout cuisinier peut élaborer une glace de pied de porc, mais l'effet n'en sera que trop rapide et ne laissera pas au convive, dépourvu de critères de comparaison, la possibilité de savoir si c'est bon ou pas. C'est en respectant les ingrédients tout en surprenant le client que l'on suscite réellement son intérêt d'abord, puis son plaisir ». Plaisir de redécouvrir des arômes connus, plaisir de découvrir un nouveau plat, en partie inconnu.

Chapitre XII

Ferran Adrià
Un phénomène médiatique

Le cuisinier inventeur... C'était trop beau pour être vrai. Raison pour laquelle justement, ce n'est pas vrai. Tout est question en fait de relations publiques.

El Bulli ferme six mois pour que M. Adrià puisse faire des recherches « scientifiques ». Quel drôle de business-modèle ! Si c'est vrai que deux millions de personnes souhaitent réserver tous les ans, pourquoi ne prend-il pas un second de talent, un chef pour gérer le quotidien pendant qu'il se concentre sur la recherche ? La demande est là pour remplir le restaurant. Ouvrir toute l'année permet aussi de garder toute la brigade que le maestro a formée avec soin. Et en passant, on double chiffre d'affaires et bénéfices. Au lieu d'agir de façon économiquement sensée, ce chef se plaint de ne pas gagner d'argent avec son restaurant. Jean-Paul Gené, chroniqueur du *Monde 2* a décrit ce système d'une façon particulièrement efficace.

> L'évolution des activités de Ferran Adrià est à cet égard intéressante. Le restaurant El Bulli est fermé six mois par an, ce qui permet au chef de voyager et de travailler six mois dans le *taller*, l'atelier... où se prépare la carte de la prochaine saison, toujours différente de la précédente. C'est ici qu'est née Texturas, la ligne de produits estampillés Ferran Adrià. Ils portent des noms magiques, mais ne sont que des cocktails issus de la chimie alimentaire...

> Avec le kit de cuisine moléculaire comprenant poudres diverses, seringues, balance, doseurs, pipettes et des mètres de tubes en silicone, c'est la créativité chimique à domicile. Un air de El Bulli à la maison grâce à l'entente cordiale entre la gastronomie et l'industrie avec l'imprimatur du meilleur cuisinier du monde. Dans ce contexte, le restaurant trois étoiles à Cala Montjoi peut apparaître comme le showroom de Texturas. Telle une comédie jouée sur Broadway pour seulement huit mille privilégiés chaque saison, mais proposant aux masses qui n'ont pu obtenir de places un DVD en lot de consolation, en l'occurrence ici les produits de la gamme Texturas et les publications du chef.

Quel bonheur donc, que nous, simples mangeurs, puissions rendre visite à un chef qui sacrifie temps et argent pour des recherches « scientifiques » (v. aussi chap. sur le projet INICON). Mais tout cela est une mise en scène particulièrement efficace de spécialistes de relations publiques.

Aujourd'hui, un grand cuisinier a besoin de ces relations publiques qui font de lui l'interlocuteur privilégié des grandes sociétés alimentaires, qui lui procurent de substantiels revenus et autres contrats avec les maisons d'édition et la télévision. Les relations publiques créent en lui une valeur de marché.

Si le cuisinier ne dispose pas au préalable de sa propre émission de télévision, il devra avant même de se forger une image publicitaire et recueillir les meilleures qualifications dans tous les guides de gastronomie, dont les plus importantes restent sans doute les trois fameuses étoiles du Michelin.

Le pouvoir irradiant des étoiles

Les trois étoiles forgent des légendes. Les trois étoiles attirent les clients du monde entier. La perte des étoiles ou la seule perspective de les perdre a provoqué des suicides dans le milieu culinaire.

Michelin s'en rit et se tait. Personne ne sait qui obtiendra ses trois étoiles, ni quand, ni pourquoi. Personne ne sait non plus qui les répartit.

La vénérable institution fait l'objet de bien des critiques :

– Un tiers des restaurants français triples étoilés ne méritent pas leur distinction ;

– En 2002 et 2003, cinq inspecteurs, pas plus, ont examiné plus de dix mille hôtels et restaurants du guide français ;

– Les étoiles de certains restaurants d'élite sont intouchables.

Trois récriminations qui, au début de l'année 2004, ont fait trembler la gastronomie française. Leur auteur : Pascal Rémy, un inspecteur de chez Michelin.

Rémy est un homme d'expérience. D'un point de vue purement mathématique, durant les seize années qu'il a passées au service du guide, il a jugé quelque trois mille deux cents menus. Il avait l'intention au départ de recenser dans un ouvrage les anecdotes de ses multiples rencontres avec les amateurs d'art culinaire et les maîtres d'hôtel les plus pincés. Un projet qui ne disait rien qui vaille à son patron d'alors. Or même l'argument d'une augmentation de salaire n'a pu endiguer les ambitions littéraires de Rémy qui fut remercié. Dans un entretien publié par l'influent *Figaro Magazine*, la langue de l'inspecteur se délie. En voici quelques perles :

> La direction a drastiquement revu à la baisse le budget du guide : l'époque du soutien financier du géant du pneu est révolue, le guide Michelin doit désormais gagner de l'argent.
>
> Un tiers des établissements français triples étoilés ne correspond pas au niveau annoncé. Le Michelin se méfie des dévaluations, car un certain nombre de grands cuisiniers jouissent dans les médias d'une plus grande faveur que le guide lui-même. La perte d'étoiles serait associée à une publicité négative.
>
> En 2002 et 2003, cinq inspecteurs expérimentés, pas un de plus, ont visité les plus de dix mille hôtels et restaurants du guide français. À l'étranger, deux autres inspecteurs ont prêté leur concours pendant quatorze jours à ces travaux d'évaluation.
>
> Difficile d'évaluer quoi que ce soit quand on visite entre huit et dix établissements par jour. Ce qui compte en fait, c'est établir un contact, prouver notre intérêt pour la cuisine, démontrer notre présence sur le terrain. Voilà ce qui importe réellement… au maintien de notre réputation.

Le courrier des lecteurs n'a pas d'influence sur les notes, mais peut décider du moment de réaliser une inspection. Par contre, si rien n'est dit par lettre au sujet de tel ou tel restaurant, rien ne sera fait.

Certains établissements, immunisés contre les dévaluations, ont la réputation d'être inattaquables. La direction se réserve l'exclusivité des décisions touchant aux plus hautes qualifications. Les inspecteurs ne sont souvent qu'un alibi.

Michelin garde un œil rivé sur la presse quotidienne, les guides concurrents et les magazines mensuels. Curieusement, les bonnes notes chez les autres ont tendance à freiner l'ascension dans la galaxie Michelin : « Dès que la presse s'efforce à trop encenser un restaurant, c'est l'effet contraire, voire un certain agacement, qui se produit (chez nous). D'un point de vue stratégique, il vaut mieux s'abstenir de toujours suivre le gros de la troupe pour ne pas donner l'impression d'avancer dans le sillon de la presse spécialisée ».

Depuis que le Guide Michelin dispose d'un service de marketing, « semaine après semaine » les aspects commerciaux gagnent de plus en plus de poids dans la décision de la note. « Le directeur général du guide est aussi le directeur du marketing. »

Pascal Rémy précisait dans son ouvrage *L'inspecteur se met à table* (Édition des Équateurs, 2004) qu'un « inspecteur gagne en moyenne entre 1600 et 2600 euros mensuels nets auxquels s'ajoute une prime annuelle équivalente à un mois de salaire » et que « l'indemnité dont nous disposons nous permet à peine de couvrir la demi-pension dans un hôtel familial. »

À la suite de quoi, le Guide Michelin s'est adressé à ses lecteurs par le biais d'annonces publicitaires sur trois pages, dans *Le Figaro* ou *Le Parisien*, par exemple. Les faits n'étaient pas contestés. On disait que « vouloir réduire aussi le Guide aux seules étoiles est une erreur. […]. On me prête volontiers le statut d'institution, mais dans le même temps la France est la risée du monde face à l'acharnement de certains à en brûler les symboles… » De telles affirmations n'étaient pas signées par le directeur, mais par le pittoresque et rondouillard Bibendum, le fameux « bonhomme Michelin ».

Les révélations de Pascal Rémy ont été publiées partout dans le monde. La presse a déterré d'autres épisodes de la « saga Michelin » : en octobre 2005, par exemple, l'*Humanité* alertait sur une réduction massive des effectifs aux Éditions des Voyages.

Un an après le scandale de la désertion de l'inspecteur, nouveau dérapage du Michelin : le restaurant belge Ostend Queen reçoit un Bib Gourmand, une distinction attestant qu'on y déguste « un repas soigné à prix modéré », alors que l'établissement n'avait pas encore ouvert ses portes au moment de la parution du guide. Au printemps 2007, le restaurant bourguignon L'Espérance, qui l'année précédente avait obtenu ses trois étoiles, est retiré du guide. Non que l'établissement eût fermé ses portes : comme prévu, il avait bien ouvert au mois de mars après la fermeture saisonnière ; mais le groupe de Marc Meneau avait été placé alors en redressement judiciaire. Présenter un bon chiffre d'affaires aurait certainement facilité les choses vis-à-vis du tribunal de commerce. Mais, aux yeux des directeurs de certains guides gastronomiques, l'affaire était déjà liquidée. Le restaurateur Marc Meneau ne put que se lamenter dans son blog sur les difficultés qu'il traversait.

Or, malgré toutes ces crises, le pouvoir du Guide Michelin est plus fort que jamais. Alors que ses concurrents régionaux s'empêtrent dans des luttes constantes et voient leur réputation se heurter aux frontières du pays, le Michelin, lui, est célèbre dans le monde entier. Le Michelin fait et défait les modes culinaires, car un triple étoilé est toujours suivi d'une séquelle d'imitateurs prêts à en copier les idées pour remplir leur tiroir-caisse.

Si demain un cuisinier obtenait trois étoiles pour son usage de l'ambre gris comme aromatisant, on ne tarderait pas à nous en servir à toutes les sauces et dans tous nos plats. Les jeunes chefs voueraient à notre cuisinier d'ambre gris la vénération que l'on réserve aux « grands auteurs » qui ouvrent de « nouvelles voies ». L'ambre gris leur ouvrirait les portes de la gloire. Les critiques internationaux nous prieraient instamment de nous « défaire de nos préjugés alimentaires à l'égard de l'ambre gris », arguant que le travail de ce chef est « une magistrale provocation qui repousse les limites de la cuisine ». « Un mélange entre l'humain et l'animal qui met en exergue la bête qui sommeille en chaque convive.» Certains critiques modérés expliqueraient que nous mangeons tous les jours des animaux: «Leurs foies, leurs muscles, leurs cœurs et même leurs cervelles. Manger des produits à base d'excréments s'inscrit dans la logique de l'évolution gastronomique».

L'ambre gris est un produit fait d'excréments de cachalot, de substances indigestes pour les cétacés eux-mêmes. «Son odeur musquée devient agréable après dessiccation», lit-on dans le Larousse. L'ambre gris, qui entre dans la composition de bien des parfums de renommée mondiale, vaut plus que son poids en or.

Dans le cas de la cuisine moléculaire, le Michelin, non content d'applaudir le recours à l'additif alimentaire, a décerné ses trois étoiles à des «cuisiniers chimistes» dans de nombreux pays: Adrià en Espagne, Blumenthal en Grande-Bretagne, Amador à Francfort. En France, Thierry Marx que le Michelin a honoré de deux étoiles abonde de plus en plus dans le sens de la cuisine moléculaire.

Pourquoi cette faveur? Le gentil Bibendum nous avait pourtant promis «des informations… toujours d'actualité mais à l'écart des effets de mode…» dans ces annonces après l'affaire Pascal Rémy! On se perd en conjectures. Il y a peu encore, les inspecteurs s'en tenaient strictement à la maxime qui veut que la bonne cuisine se fasse avec de bons produits. Or les méthodes de fabrication industrielle ont soudainement bénéficié des étoiles. On finira bien un jour par en octroyer une à un plat industriel. Si la cuisine moléculaire s'imposait, notre choix se ferait entre la cuisine industrielle du supermarché et la cuisine industrielle, mais visuellement spectaculaire, du restaurant. Gageons qu'il resterait l'option d'aller faire son marché et de cuisiner chez soi.

Les choses vont-elles changer avec la nouvelle direction? Rien n'est moins sûr. Juliane Caspar, la directrice allemande du Michelin France a travaillé autrefois comme maître d'hôtel au restaurant Vendôme près de Cologne. Son ex-chef, Joachim Wissler, se sent proche d'Adrià («J'y vais une fois par an pour faire le plein d'idées») et du mouvement moléculaire. Lors d'un symposium pour la chaîne de télévision allemande ZDF, il se vantait de recoller de minces filets de truites avec de la transglutaminase afin d'obtenir des gros filets de poisson. Mme Caspar va-t-elle préférer ce qu'elle connaît ? Son ancien chef en tout cas a été rapidement couronné de trois étoiles après qu'elle eut rejoint les rangs du Michelin Allemagne.

L'indépendance du guide était autrefois légendaire. Mais le 2 août 2009, le *Journal du dimanche* spéculait sur un successeur du chef Jean-François Piège à l'Hôtel de Crillon. Selon le *Jdd*, le favori serait Jean-François Rouquette, actuellement aux commandes des cuisines du Park Hyatt Paris-Vendôme. Toujours selon les journalistes de l'hebdomadaire, Rouquette figurerait en pole position sur une liste de cinq noms de chefs, dressée par Jean-Claude Messant, le directeur général du Crillon, avec l'aide d'Alain Ducasse et du directeur des guides Michelin Jean-Luc Naret. M. Jean-Luc Naret distribue les étoiles, c'est son travail. Donne-t-il des conseils aux hôteliers, aux chefs ? Ses conseils sont-ils rémunérés ? Combien perçoit-il ? L'étoile est-elle comprise dans le conseil ? Est-ce que ce sont les conseils officiels du Michelin ou de « Jean-Luc Naret Consulting » ?

Je ne me rappelle pas que Bernard Naegellen, directeur du guide de 1985 à 2001, donnait ce genre de conseils. Décidément, les mœurs changent, des guides de renom conseillent les hôtels de luxe et s'exercent comme chasseurs de têtes, l'additif, détesté en supermarché, règne en cuisine.

Mais comme je l'ai dit plus haut, les chemins du Michelin sont impénétrables.

En tout état de cause, la pluie d'étoiles du guide rouge a bénéficié énormément à la cuisine moléculaire.

Même si bien d'autres cuisiniers les ont reçues, Adrià et Blumenthal, eux, sont des icônes qui créent la tendance.

Un bref regard en arrière

El Bulli accueille chaque année quelque huit mille clients. Il y a donc dans le monde moins de cent mille personnes qui peuvent se targuer d'avoir mangé à El Bulli au cours des dix dernières années et de pouvoir en parler. Probablement encore moins, sachant que des fanatiques y vont plusieurs fois. Parmi eux, on trouve un grand nombre de journalistes gastronomiques. Personnellement, je ne connais aucun membre de la presse internationale qui ait dû attendre plus de quatorze jours la réservation d'une table à El Bulli. En été 2009 par exemple, après la polémique espagnole autour l'usage des additifs dans la cuisine, la sortie du présent livre et la visite de la police italienne dans quatre-vingt-dix-huit restaurants utilisant Texturas Adrià et d'autres additifs, on avait rangé les seringues et les boîtes de chimie alimentaire pour faire, avec des journalistes et des photographes, plein de jolies images de poissons frais et de légumes.

Au-delà de ces chiffres, quiconque a entendu parler d'Adrià s'est forgé sa propre opinion sur le chef et sa cuisine. Pour beaucoup, Adrià est une idole dont ils défendent bec et ongles les idées culinaires. Pourquoi ?

En Espagne, on dit qu'il a hissé son pays au rang de la haute cuisine internationale. Ce qui est complètement faux.

La cuisine espagnole s'appuie sur une tradition richement documentée, grâce aux ouvrages notamment de Simone Ortega (29 mai 1919 – 2 juillet 2008). Dans le monde de l'édition, on murmure que seuls la Bible et Don Quichotte se vendent mieux que son recueil de mille quatre-vingts recettes, un ouvrage qui a sa place dans tous les foyers d'Espagne depuis 1972 et dont il existe une édition anglaise illustrée par Javier Mariscal. L'épouse de l'éditeur José Ortega Spottorno, fils du philosophe mondialement célèbre José Ortega y Gasset et fondateur du journal *El País*, a inventé, recensé, perfectionné des recettes pendant plus de trente-cinq ans. L'expression, assez galvaudée de nos jours, d'une « vie consacrée à la gastronomie » s'applique à la perfection dans son cas. Simone Ortega a écrit sur la cuisine de Madrid, sur les soupes et les gaspachos, sur les fromages espagnols, sur les plats régionaux tels que le marmitako (un ragoût de bonite), le merlan en sauce verte et autres variantes, sur la paella élaborée dans les règles de l'art, les pommes de terre au chorizo et le poulet d'Andalousie. La beauté des recettes réside dans leur simplicité. Le chapitre consacré aux recettes d'œufs est d'une grande utilité pour tous les cuisiniers amateurs qui n'ont pas grandi en Espagne. Ortega y démontre ce que l'on peut faire avec une poignée d'ingrédients et un peu de bon sens, que ce soit avec des œufs à la coque au beurre d'anchois et à la truite fumée, des œufs sauce grand veneur, des œufs sur le plat au riz et aux gambas, des œufs brouillés aux cœurs d'artichaut, des œufs en cassolette au jambon et à la sauce tomate ou des œufs mollets aux champignons.

Bref, les mille quatre-vingts recettes de Simone Ortega sont devenues au fil des ans un classique parmi les livres de cuisine espagnols. Une compilation exhaustive de la cuisine d'un pays. L'équivalent italien de son œuvre s'intitule *La Cuillère d'argent*. En France, en Allemagne, en Grande-Bretagne ou aux États-Unis, aucun ouvrage comparable n'a été publié au cours des trois dernières décennies.

Les cuisiniers d'élite, quant à eux, ont perfectionné ce que les cuisines populaires et régionales leur offraient de plus attrayant: dans les grands restaurants espagnols des années 1970, la tendance qui dominait encore était celle d'un mélange entre les styles ibérique et français. El Reno à Barcelone était fameux pour ses soufflés et ses quenelles de sole; au Jockey à Madrid, on trouvait aussi bien la langouste au champagne que la cervelle aux câpres. Mais ce paysage culinaire allait changer très rapidement.

La célébrité de Juan Mari Arzak de Saint-Sébastien avait largement dépassé les frontières espagnoles avant qu'El Bulli ne fasse son apparition dans le monde de la gastronomie. En 1990, on y dégustait, par exemple, un menu à cinq mille neuf cent cinquante pesetas comprenant une mousse de rascasse, des gambas frites aux pruneaux et poivrons doux, des morilles farcies en jus de truffe, du saumon frais au gros sel accompagné de salade, un ragoût de canard en pâte à crêpe servi avec une sauce aux framboises, aux oranges et aux pignons, plus le chariot des desserts.

Au nord de Barcelone, Santi Santamaría est au pinacle des honneurs culinaires. Misant sur la saveur pure des meilleurs ingrédients, peu lui importait de faire les gros titres des magazines internationaux.

L'ascension de Martín Berasategui, de Saint-Sébastien lui aussi, s'est faite à peu près en même temps que celle de Ferran Adrià. Son millefeuille caramélisé aux anguilles fumées, aux pommes juteuses et aux oignons savoureux, échafaudé au millimètre et coiffé d'une feuille de pâte d'une extrême finesse avait déjà marqué son époque. Aujourd'hui encore, certains cuisiniers imitent ce plat et s'en prétendent les créateurs.

Tous ces chefs-là ont une particularité en commun : leur art se fondait sur la nouvelle cuisine qu'ils déclinaient de plus en plus avec leurs propres produits. Les Espagnols ont su, de surcroît, éviter certains écueils bien français. La fameuse critique à la nouvelle cuisine « Rien dans l'assiette, tout dans l'addition » n'a jamais eu cours ni chez Arzak, ni chez Berasategui, ni chez Santamaría. En Espagne, la gastronomie est longtemps restée un plaisir accessible par rapport à la France. Une TVA plus avantageuse, des frais moindres, sans doute. Le client s'intéresse peu à ce genre de détails. Pour les professionnels, ils font partie de leurs problèmes quotidiens quand il s'agit d'attirer une clientèle internationale. C'est en grande partie grâce à ces chefs que le public international a pu commencer à s'intéresser aux vins, à l'huile d'olive, au jambon, à la charcuterie ou aux fromages espagnols.

Les défenseurs d'Adrià argumentent, non sans fierté d'ailleurs, que « l'Espagne, c'est la nouvelle France ». Durant ces dernières décennies, en France, ou du moins dans les grandes villes françaises, le bon goût et la vie de tous les jours ne sont pas toujours allés de pair. Le nombre de crèmeries, de boucheries, de charcuteries traditionnelles n'a cessé de diminuer. Les bonnes petites auberges ont mis la clé sous la porte, les vraies rôtisseries sont de moins en moins nombreuses. En Espagne par contre, même dans les petits bars à tapas du centre de Saint-Sébastien, les amateurs de bonne chère pouvaient apprécier les vertus du poisson et de la charcuterie ibériques. Dans les restaurants de campagne, si modestes fussent-ils, la cuisine était simple, mais fort goûteuse pour le prix. Car c'est bien au niveau du rapport qualité/prix qu'il faut chercher la clé du triomphe espagnol. Au milieu des années 1980, on y mangeait divinement pour l'équivalent actuel de quarante ou quatre-vingts euros. Pas comme aujourd'hui où il faut débourser deux cents à trois cents euros par personne pour un repas sans vin. Et on ne mange pas forcément mieux qu'il y a vingt ans.

Les prix dans les grands restaurants espagnols sont restés pendant longtemps 30 % ou 40 % moins chers qu'en France… pour un niveau de qualité égal, voire parfois supérieur. Il n'y a pas si longtemps encore, je pouvais prouver à des amis parisiens qu'un gourmet qui prenait l'avion pour Bilbao ou Barcelone y trouvait son compte. À condition de ne pas se loger dans l'hôtel le plus luxueux, l'addition espagnole, bien plus économique qu'à Paris, compensait les coûts du déplacement. De plus, au fil des ans émergeaient de nouveaux talents en Espagne : les frères Roca, Andoni Adúriz, parmi tant d'autres.

Dans les restaurants haut de gamme espagnols, on mangeait divinement. Qu'est-ce qui a donc fait de El Bulli le porte-drapeau de toute une nation ?

Il va de soi que la cuisine d'Adrià sortait des sentiers battus. L'idée de la déconstruction culinaire était un scoop : « Un plat déconstructif respecte l'arôme des ingrédients tout en bouleversant d'autres repères familiers tels que la présentation ou la texture », expliquait alors Adrià. L'exemple de son melon au jambon transformé en « soupe de melon au bouillon et tranches de jambon » était à des années-lumière de l'orgie actuelle d'additifs alimentaires dans les cuisines moléculaires.

Mais il n'était pas le seul à avoir des idées originales. À Monaco, Alain Ducasse avait lancé presque en solo la mode internationale de la nouvelle cuisine méditerranéenne, une cuisine franco-italienne qui récupérait progressivement des éléments champêtres, rustiques et qui se présentait toujours sous des traits purs, simples et naturels : c'était l'époque des fameux gamberonis du golfe de Gênes à la plancha servis avec du pourpier, des épices et un peu de concombre ; du bar de ligne à la confiture de citron, tomates au vinaigre balsamique, olives et ravioles. La selle d'agneau rôtie à la sarriette et garniture de légumes au jus d'agneau était de ces plats de résistance qu'on rêve de déguster sous les oliviers d'une auberge provençale. N'importe quel cuisinier en herbe aurait pu préparer des légumes à la grecque, marinés dans de l'huile d'olive et du jus de citron. Ce qui fait toute la spécificité de ce plat au Louis XV, c'est le choix de l'huile d'olive appropriée, l'association navet et poire et le raffinement qu'apporte la touche de lard et de fromage de chèvre.

« La cuisine méditerranéenne est la cuisine des années quatre-vingt-dix, déclarait un Ducasse très sûr de lui. Les gens en ont ras le bol des sauces trop corsées et des plats trop lourds. Ils veulent manger de bonnes choses, bien sûr, mais sans se sentir ensuite fatigués ou malades, sans prendre non plus de kilos supplémentaires. » Qui plus est, il s'agit d'une cuisine psychologiquement intelligente, car dans une France encore majoritairement rurale les arômes champêtres et les saveurs pures évoquent chez les convives le souvenir des meilleurs plats de leur enfance. La clé du succès ? « Quatre-vingt-quinze pour cent de travail et, peut-être, 5 % de génie », disait Ducasse. Ou encore : « Ma cuisine est faite de 60 % de bons ingrédients et de 40 % de travail ».

Une proportion que les 60 % d'additifs alimentaires ont pourtant facilement balayée de la scène internationale. Le motif ?

Dans le monde culinaire, on respecte Ducasse, mais on ne l'adore pas. Il passe pour un chef d'entreprise préférant le succès des affaires au travail des fourneaux.

Pour Ferran Adrià, c'est le contraire. On l'adore, un point c'est tout. Il est devenu « le Ferran » dans le langage de tous les jours, et non plus « monsieur Adrià », tandis que personne n'aurait l'idée d'appeler en public Ducasse par son petit nom.

Bien sûr, on respecte aussi le Ferran pour son succès. Car cet homme d'affaires a bien le vent en poupe : mais il préfère attirer constamment l'attention sur l'autre aspect de sa personnalité.

Une telle glorification d'un chef n'est pas de mise dans le monde de la gastronomie où s'impose en général l'idée que dans un restaurant on mange parfois bien, parfois moins bien.

Naturellement, on peut expliquer le triomphe des additifs autrement que par l'arsenal publicitaire et les relations publiques : des maestros des fourneaux tels que Joël Robuchon, Frédy Girardet ou Alain Ducasse dans les années quatre-vingt, début des années quatre-vingt-dix, faisaient preuve d'une précision difficilement égalable même aujourd'hui. Raison pour laquelle, peut-être, les autres cuisiniers ont cherché des solutions de rechange. D'un autre côté, les produits étaient de plus en plus rares et chers. Les additifs, eux, étaient économiques et comptaient de plus avec l'effet surprise de la nouveauté, car les restaurants d'élite ne les utilisaient pas. Pour les faire accepter, il était primordial de miser sur la publicité et les relations publiques. Les cuisiniers moléculaires sont alors devenus des idoles.

Bien sûr que l'on a aussi glorifié Paul Bocuse : surtout à l'étranger d'ailleurs où il était l'ambassadeur de la France et comptait de fidèles disciples. Mais la mystification du personnage n'avait pas grand-chose à voir avec sa cuisine. Bocuse a toujours été un homme d'un grand charisme, nanti d'un vrai sens de l'humour et d'un don acéré de la communication. C'est à lui que l'on doit l'image du cuisinier que se sont forgée les deux dernières générations de gourmets. La pose du grand chef, les bras croisés, avec sa toque, c'était lui. Mais Paul Bocuse, c'était aussi un chef d'entreprise qui exportait ses idées aux États-Unis et au Japon. Il a publié un jour dans un journal local la recette du « gigot d'agneau de l'asphalteur » : plonger pendant trente-cinq minutes l'agneau dans du goudron chaud et casser la croûte devant le convive. Une plaisanterie que Bocuse pouvait se permettre avec la presse. Un autre jour, il donna à une rue de Lyon le nom d'un restaurant, convoqua tous les journalistes et prononça lui-même le discours, car le maire qui n'avait jamais entendu parler de la « rue Léon de Lyon » allait sans doute arriver en retard. On l'adorait depuis toujours, Paul Bocuse. Il était inattaquable question cuisine. Les critiques le disaient vieillot, lui reprochaient son manque de précision, voyaient dans son restaurant une sorte de Disneyland de l'art culinaire.

En somme, on adorait Bocuse, même si sa cuisine était de temps en temps critiquée ou mise en doute.

On l'a dit, Adrià est chéri et respecté. Dans l'esprit du public pourtant, l'amour passe avant le respect. Pourquoi ? Cet amour qui n'a rien à voir avec l'estomac aveuglerait-il, selon l'expression consacrée, au point de chérir une cuisine fondée sur la chimie alimentaire et les additifs ? Car il s'agit bien là d'éléments que l'on regarde plutôt d'un mauvais œil dans notre vie quotidienne.

La réponse, c'est la publicité qui nous la donne.

La création d'une *lovemark*

À quoi est dû l'énorme engouement suscité par Adrià plus d'ailleurs chez ceux qui n'ont jamais goûté sa cuisine qu'entre ses propres clients? Réponse: on l'a stylisé au point d'en faire une *lovemark*.

« Les marques sont à bout de souffle, expliquait il y a des années Kevin Roberts, CEO de l'agence de publicité Saatchi & Saatchi. L'avenir des marques, ce sont les *lovemarks* ! »

– Mais une *lovemark*, c'est quoi?

– Les *lovemarks* en appellent au cœur autant qu'à la raison et créent une relation intime, émotionnelle avec le client... On n'achète pas seulement une *lovemark*, on l'étreint avec passion. On ne peut la laisser s'échapper. En d'autres mots: les *lovemarks* suscitent la fidélité au-delà de la raison. »

Soit dit en passant, ce concept de *lovemark* de Roberts a permis à Saatchi & Saatchi d'engranger des millions. Quand on investit beaucoup d'argent dans la pub, on finit tôt ou tard par se faire un nom. Or on aime se faire aimer. Ce qui vaut aussi pour les présidents des conseils d'administration. L'amour est rentable, puisqu'il survit, toujours selon Roberts, à la simple préférence pour une marque. Les *lovemarks*, dit-il, ne sont pas seulement des marques. Ce sont Brad Pitt, les Looney Tunes, le Chupa Chups, le Nutella, l'aspirine, le Colgate, les chaises Eames ou les cocottes Le Creuset. Ce sont Barcelone, Vienne et Paris, Barbie et Batman.

Le premier ingrédient d'une *lovemark*, pour Roberts, c'est le **respect**. Ensuite interviennent d'autres facteurs.

> Le **mystère**... Il vient s'ajouter à la complexité des relations et des expériences, parce que les gens sont fascinés par l'inconnu. Après tout, si l'on connaissait tout, on n'aurait plus l'occasion d'apprendre ou de se surprendre.

Adrià, nous l'avons dit, n'a rien inventé. Aujourd'hui, sa cuisine se fonde sur les additifs que l'industrie alimentaire utilise par dizaines. Mais il a su créer un mystère autour de ces substances. Il ne les appelle d'ailleurs pas par leur nom: elles sont devenues ses créations, son invention, ses « ingrédients » dans les yeux du public. Mystère...

> La **sensualité** maintient constamment nos cinq sens en alerte face à de nouvelles textures, arômes, saveurs, sons étranges et merveilleux. La vue, l'ouïe, l'odorat, le tact, le goût. Nos sens s'accordent à nous alarmer, à nous éveiller, à nous transporter. Suscités en même temps, les résultats sont inoubliables. Nous expérimentons le monde au travers de nos cinq sens et créons grâce à eux nos propres souvenirs.

Une phrase que l'on croirait tout droit sortie d'un livre d'Adrià. L'enthousiasme des cuisiniers moléculaires pour les textures et les fragrances (artificielles) relève de ce concept.

> L'**intimité** sous-entend empathie, engagement, passion. Les liens étroits provoquent une fidélité sans faille, tout comme la perfection des petits gestes. On s'en souvient longtemps après que leurs fonctions et bénéfices se sont dissipés.

La passion pour la nouveauté en cuisine, l'aveu constant de ne pas gagner d'argent dans un restaurant d'élite, la volonté fermement manifestée de cuisiner pour améliorer et embellir l'avenir alimentaire de l'humanité, le rendre plus ludique: ces propos de la cuisine moléculaire, bien formulés, se mettent au service du concept de *lovemark*.

Le travail quotidien de l'équipe de Saatchi & Saatchi prouve que des marques et des personnes peuvent se transformer en *lovemarks*.

Et ce qui marche avec les acteurs marche aussi avec les cuisiniers.

La presse et les molécules

Pour devenir une idole culinaire ou une *lovemark*, on doit d'abord se faire respecter. Pour y parvenir, on recourt aux chroniques des journaux, à tirage international si possible. Le premier coup de pouce dans la presse, ce sont bien sûr les légendaires étoiles qui le donnent. En règle générale, on associe au bénéficiaire l'épithète de « génial ».

La plupart des cuisiniers ne sont pas des génies. Ce sont les journalistes adulateurs qui en font des génies. Sinon, le monde actuel compterait plus de génies aux fourneaux que dans les domaines conjoints des mathématiques, de la physique, de la biologie, de l'art et de la littérature.

On peut en partie l'expliquer par le désir des journalistes de se faire remarquer. Quand on écrit sur un génie, on glane davantage de considération que quand on fait un papier sur un artisan, aussi bon et efficace soit-il.

Un ouvrage intitulé *Les Cent Meilleurs Restaurants* aura plus de prestige que s'il porte un titre comme *Les Cent Meilleurs Maçons*. Les maçons aussi sont des artisans, comme les cuisiniers, les électriciens ou les ébénistes. Nous devons à des représentants de la corporation des maçons la construction des grandes cathédrales d'Europe. Les électriciens nous ont libérés, entre autres, du cycle naturel du jour et de la nuit ; ils ont illuminé, littéralement, le XXe siècle. Se trouve-t-il parmi eux un professionnel que les journalistes auraient baptisé le « Mozart du parpaing », le « Paganini du tournevis », le « Picasso de la pierre de taille » ?

Un ouvrage intitulé *Les Cent Meilleurs Restaurants* aura plus de prestige aussi que s'il porte le titre *Les Cent Meilleurs Médecins*. Pourtant, pour la plupart des lecteurs, connaître les noms des meilleurs médecins est sans doute plus utile, vital même, que de découvrir l'adresse de quelques bons établissements. Mais si l'on associe le médecin à la maladie, le restaurant en revanche évoque le luxe, le plaisir, le divertissement.

Mais, attention, l'effet de la troisième étoile retombe au bout de deux ou trois ans maximum. Ensuite, le cuisinier reste un génie, mais fait moins parler de lui.

Pour attirer l'attention des gazettes, il faut surprendre, faire du nouveau, car la presse vit de ces nouveautés. Et là, l'équipe de El Bulli démontre que, question communication, elle s'y connaît mieux que tous les autres chefs réunis, si prestigieux soient-ils.

À El Bulli, on sait depuis longtemps que nul n'est prophète en son pays. Les principaux témoignages de la qualité de sa cuisine émanaient donc toujours de l'extérieur : en 1997, Joël Robuchon félicite son confrère catalan. Robuchon venait de prendre sa préretraite, laissant son restaurant aux soins d'Alain Ducasse, de Monaco. La rivalité était rude entre l'ex-cuisinier du siècle et son challenger de la Côte d'Azur. D'où l'éloge : « Adrià est le meilleur cuisinier du monde ». Étonnant de la part d'un ennemi juré de la cuisine moléculaire. Jusqu'à aujourd'hui, il défend Adrià bec et ongles, tout en critiquant la cuisine moléculaire: « Je vais régulièrement chez Ferran Adrià et je ne m'en porte pas plus mal. Chaque fois, je vis même une expérience très forte, disait-il en juin 2009 à l'*Express.* Le seul tort de ce chef, c'est d'avoir commercialisé ses additifs sous sa propre marque, ce qui a poussé de nombreux chefs à le copier, et souvent très mal. La plupart n'ont ni le talent ni la lucidité pour utiliser ces substances à des doses raisonnables ». Donc l'additif chez Adrià, c'est excellent, l'additif chez les autres, c'est mauvais. Comprend qui peut...

La grande envolée internationale s'est réellement produite après la parution d'un article dans le *New York Times* intitulé « *La Nueva nouvelle cuisine* ». Le *New York Times*, c'est la référence pour les journalistes du monde entier. Parmi ses collaborateurs, on trouve des critiques gastronomiques du plus haut niveau, tels que Ruth Reichl, William Grimes ou Frank Bruni. Arthur Lubow, l'auteur du papier sur Adrià, ne fait pas à proprement parler partie de ce groupe. Le public américain le connaît grâce à la biographie du journaliste Richard Harding Davis, publiée sous le titre *The Reporter Who Would Be King.* Lubow écrit en toute connaissance de cause sur l'art, le design, l'architecture. Son admiration pour Adrià est surtout due à l'esthétique et à la mise en scène de ses plats:

La « paella de Kellogg's », c'était des *crispies* de riz soufflé sur lesquels le serveur versait une réduction de fruits de mer bien corsée; l'accompagnaient une petite crevette frite, un sashimi de crevettes et une ampoule qui contenait un condensé marron de têtes de crevettes que le convive avait pour mission de faire éclater dans sa bouche... Mais son plat le plus sublime reste sans doute cette série de blocs de gélatine chaude semblables à des aquarelles aux couleurs chatoyantes, fait chacun de l'essence pure d'un légume.

L'affirmation qu'en France la créativité a déserté les cuisines sert de fil conducteur à l'article de Lubow, qui en veut pour preuve les expositions célébrées à New York « Matisse/Picasso » et « Manet/Velázquez » que le journaliste voit presque comme des compétitions sportives remportées par les Espagnols. Curieuse appréciation de la part d'un amateur d'art. « Asphyxiés par des coûts exorbitants et des réglementations sévères, les chefs français emploient davantage leur imagination à promouvoir leur firme qu'à inventer des recettes. Ils se raccrochent à leur gloire passée, à une tradition de nouvelle cuisine déjà plus vieille qu'Escoffier. » Et de conclure sur une citation du critique gastronomique espagnol Rafael García Santos : « Ce qui s'est passé en France est honteux. Nous aimons les Français et leur devons beaucoup. Il y a vingt ans, tout le monde allait en France. Aujourd'hui, on y va pour apprendre ce qu'il ne faut pas faire ». Moralité : en France, on fait une cuisine vieux jeu, en Espagne on mange bien et encore mieux si c'est à El Bulli. L'article a été publié le 10 août 2003, l'année où les frites, *French fries* en bon anglais, sont devenues les « *freedom fries* » ; l'année où les restaurateurs nord-américains ont jeté par-dessus les moulins leurs stocks de produits français. Tout cela à cause du non de la France à la guerre d'Irak. Le gouvernement espagnol d'alors, par contre, avait apporté son soutien à George W. Bush.

Certains cuisiniers et journalistes gastronomiques français ont pris la chose comme une espèce de « propagande de guerre » : la gastronomie est aujourd'hui un marché modeste, mais prestigieux au sein de l'industrie touristique. Le reportage avait pour but de châtier l'insoumission française et de récompenser la loyauté espagnole. L'idée paraît tordue ? Plus tordue que celle de rebaptiser un inoffensif plat de frites ? En tout cas, l'appréciation de Lubow a énormément influencé les journalistes du monde entier. Le *New York Times*, nous l'avons dit, est une référence. L'article équivaut à une consécration du cuisinier, au même titre que les trois étoiles ou l'éloge de Joël Robuchon.

Mais on finit aussi par oublier tôt ou tard les articles du *New York Times*. C'est pourquoi l'équipe de El Bulli démontre qu'en matière de communication, son savoir-faire dépasse celui de tous les autres maestros des fourneaux.

Il s'agit en premier lieu d'offrir aux représentants de la presse un *embedded journalism*, selon la loi de l'offre et de la demande. À El Bulli, l'offre, huit mille places, est plutôt mince. Qu'à cela ne tienne : on donne à l'auteur une table pour qu'il se sente privilégié. Était-il rédacteur au sein d'une hiérarchie il y a cinq minutes, le voici désormais membre de l'élite des huit mille convives… dans le monde entier. Un statut dont il pourra s'enorgueillir devant son épouse et ses amis.

L'expectative, ensuite. El Bulli ferme six mois par an, au terme desquels il offre au client une carte complètement rénovée. La plupart des cuisiniers incluent de nouveaux plats à leur carte tous les deux mois, mais pas après six mois de préparation ! Naturellement, la presse se demande quel sera le résultat de ces six mois de travail.

Le côté intellectuel, ensuite. On ne va pas seulement chez Adrià pour manger, on s'y rend aussi pour philosopher. Sur la déconstruction, dans un premier temps. Mais la déconstruction fait désormais partie de l'histoire de la cuisine. Les nouveaux concepts de la philosophie culinaire surgissent au fil des dialogues entre maestros et journalistes. On rédige des manifestes « techno-émotionnels » et on se plonge dans de longues discussions sur le meilleur nom à donner à la cuisine aux additifs alimentaires. Cuisine espagnole ou d'avant-garde ? Cuisine techno-émotionnelle ? Ou doit-on préférer l'expression rebattue mais passe-partout de cuisine moléculaire ? Impossible en tout cas d'appeler par son véritable nom la « cuisine aux additifs alimentaires ».

Puis il faut surprendre : on attend Adrià avec trois bouteilles d'azote et cinq seringues à un congrès culinaire ? Il arrive avec une coquille St-Jacques et un discours qui semble improvisé. C'est puisqu'on lie son image à une technique culinaire poussée à l'extrême qu'il s'est approprié depuis quelques années le discours sur le produit, auparavant tenu par Alain Ducasse ou Santi Santamaria. Même si cela ne reflète pas la réalité dans sa cuisine, « parler produit » renforce son identité vis-à-vis des très nombreux fanatiques de El Bulli. Imaginez-vous, le maestro de l'additif et de l'azote vient de parler d'un humble mollusque ! Un cuisinier connu pour l'excellence de ses produits aura du mal à provoquer autant d'émotion avec le même sujet.

Et, pour finir, l'équipe de El Bulli prend soin de produire l'icône Adrià là où n'est jamais parvenu aucun cuisinier. Une excellente idée, dont la mise en œuvre présente néanmoins quelques difficultés.

En 2007, Adrià devait honorer de sa présence la Documenta de Kassel, une manifestation d'art indéniablement reconnue sur le plan international. La seule annonce de la participation d'Adrià avait déclenché une avalanche d'articles élogieux dans le monde entier, et pas seulement dans les magazines de gastronomie : la presse hebdomadaire et les revues d'art aussi s'étaient emparées du sujet. Un cuisinier artiste ? Qui est-ce ? Que signifie ce concept ?

Une fois calmé le déluge, on découvrait que, tout compte fait, Adrià n'irait pas à la Documenta de Kassel. Peut-être rechignait-il à manipuler de la chimie alimentaire en direct, face à un public critique ? Peut-être parce qu'on n'avait aucune raison solide de glorifier sur scène la cuisine à la chimie alimentaire ? Toujours est-il que le soi-disant artiste en action a fait ce qu'aux États-Unis on appelle un *no show*.

Ferran Adrià s'est contenté d'offrir une table pour deux dans son local durant toute la durée de la Documenta. Une « performance artistique » assurément à la portée de n'importe quel cuisinier de la planète.

La presse n'a rien dit ou presque de cette retraite. On a même tâché de la métamorphoser en un acte artistique sublime arguant que « tout est permis dans l'art ». Peu importe, du moment que l'on se souvient que Ferran Adrià a été le premier cuisinier à figurer parmi les artistes.

Dr. h. c. Chef

En 2008, l'Université d'Aberdeen a concédé à Ferran Adrià le titre de docteur *honoris causa*. Une nouvelle qui a provoqué une grande agitation dans la presse internationale. Adrià avait pourtant été nommé Dr. h.c. par l'université de Barcelone quelques années auparavant. Le *laudatio* mentionnait sa « coopération avec l'industrie alimentaire ». La plupart des journalistes oubliaient que l'on compte plusieurs docteurs cuisiniers : le docteur Sánchez Romera, qui avait décroché son diplôme de docteur à la manière classique, lui, après un cursus à l'université ; Heston Blumenthal, également, nommé docteur *honoris causa* deux ans avant Adrià, mais sans retentissement dans la presse internationale.

De fait, en Grande-Bretagne, il n'est pas rare de concéder un doctorat honorifique aux personnalités le plus en vue ; en 2006 déjà, Tomos Livingstone, rédacteur politique du *Western Mail*, se plaignait du déluge de titres honorifiques dont les universités britanniques abreuvent les célébrités du moment : la présentatrice du JT Moira Stuart est docteur *honoris causa* de l'Université d'Édimbourg, l'acteur Peter Postlethwaite a reçu ce même titre à Liverpool, l'écrivaine Joanne K. Rowling doit le sien à l'Université d'Aberdeen, le pilote automobile Sir Jackie Stewart, le cinéaste Anthony Minghella et Richard Attenborough ont reçu quant à eux leur titre des mains de l'Université de Leicester. Parmi les docteurs honorifiques, on trouve aussi Russel T. Davies, scénariste de la série de science-fiction *Doctor Who*, la chanteuse Katherine Jenkins, Marcus Russell, le manager du groupe Oasis, l'illustrateur Quentin Blake et l'humoriste Billy Connolly pour ne citer qu'eux. Une pétition d'étudiants a recueilli trois mille signatures pour empêcher la concession de ce titre au présentateur de télévision Jeremy Clarkston.

Donald Mottram, professeur à la School of Food Biosciences de l'Université de Reading ne cache pas son admiration à l'égard du cuisinier Heston Blumenthal : « Voilà ce dont a besoin la science : un homme jeune, enthousiaste, couronné de succès, un excellent communicateur et un magnifique défenseur de la science appliquée ».

Quant à l'écrivain Livingstone, il se demandait à propos des restrictions dans la concession des doctorats honorifiques : « Mais qui veut encore être docteur *honoris causa* ?... Tout le monde, en vérité ! »

Le titre est arrivé à point nommé en été 2008, car il a opportunément dévié l'attention de la presse d'autres sujets plus épineux. En Espagne, le grand cuisinier Santi Santamaría avait critiqué l'emploi d'énormes quantités de chimie alimentaire dans le domaine de la haute cuisine. Il faisait une explicite allusion à Adrià. La grande cuisine espagnole, « trahie » par un Espagnol.

Les commentaires de Santamaría ont sapé le concept « mystère » des *lovemarks*. Le secret culinaire d'Adrià ? Ces détestables additifs que l'industrie alimentaire utilise depuis des décennies. Est-il possible qu'à Rosas on ne nous serve rien d'autre que des plats façon industrielle, mais enjolivés ?

Chapitre XIII

« Thon, étain et chocolat industriel » : tout, sauf la vérité

> *« Saumon, langouste, truffe, foie gras... et toutes sortes d'épices : le chimiste est désormais capable de reproduire n'importe quel goût, soit par transformation de produits naturels, soit — beaucoup plus économique et donc profitable au consommateur — par synthèse totale à partir de dérivés du pétrole...*
>
> Christian Millau, dans la critique du restaurant fictif Le Lèche-Food, où les clients se contentent de lécher un papier artistiquement plié, imprégné de produits chimiques fabriqués en laboratoire. Dans *Le Guide des restaurants fantômes*, Plon, Paris, 2007.

De nos jours les consommateurs ont de plus en plus tendance à examiner à la loupe les aliments qu'ils mettent dans leur panier. Beaucoup achètent des produits bio. Au SIAL, un des salons alimentaires les plus importants au monde qui se tient à Paris, en 2008 les experts se sont rendu compte une fois de plus que les gens veulent des aliments sains, naturels, sans graisse. Sans arômes artificiels, sans agents de texture, sans gluten. La tendance numéro un était la « naturalité ». De nombreux experts ont décrypté le phénomène, dont Olivier Lepiller, doctorant en sociologie à l'université Toulouse Le Mirail. Pour le sociologue, la «naturalité» est une tendance au long terme.

> Les industriels et la grande distribution ont étiré la relation entre le mangeur et les aliments. Des intermédiaires se sont ajoutés, accompagnés d'une opacité (que se passe-t-il dans les usines?) et d'une déshumanisation (les linéaires n'ont rien à voir avec les marchés), Ce phénomène contribue à accroître la méfiance des mangeurs.

Selon l'analyste et conseil en marché Mintel, ce sont quelque 23 % des produits lancés en 2008 (36 % pour le Royaume-Uni) qui se sont présentés comme «naturels», «sans additif ni conservateur», «biologiques» et «entiers»; les «entiers» et «purs» devenant les produits phares d'une alimentation saine. Selon AC Nielsen Bruxelles les produits avec additifs artificiels sont passés de mode: la tendance est au naturel. Cette étude date du 27 février 2008: «Le consommateur belge a changé sa conception d'une alimentation saine et s'est détourné des produits *light* et allégés pour une alimentation plus naturelle», déclare Martine Rooselaers, directrice générale de Nielsen Belgique. Environ 55 % des consommateurs belges estiment un produit naturel plus sain qu'un produit allégé ou contenant des édulcorants artificiels. Il y a quelques années, les produits *light* étaient associés à une alimentation saine et très populaires auprès des personnes suivant un régime. Le consommateur est aujourd'hui mieux informé et s'est rendu compte que les produits *light* peuvent parfois contenir des additifs et des édulcorants artificiels. On considère aujourd'hui qu'il est plus sain de manger en moindre quantité des produits naturels, non allégés, sans additifs artificiels et sans édulcorants, que de grandes quantités de produits light. La tendance est aux produits naturels et non plus aux produits avec additifs artificiels: tout est question d'une alimentation saine – goûteuse – et modérée.

Autre étude, même résultat: le «Panorama mondial de l'innovation santé en alimentation 2008» des agences ENZYME et XTC prône la tendance «naturalité» (11 % de l'innovation en 2008): «Si avant il s'agissait d'une tendance marginale, c'est aujourd'hui la tendance la plus dynamique en matière d'innovation ; elle connaît une augmentation fulgurante. Elle consiste en une baisse des ingrédients chimiques ou superflus avec un processus rassurant. Il est nécessaire alors de bannir les conservateurs, les additifs et bien sûr les OGM et de privilégier les sels de mer et la caroube par exemple. » Dans cette étude, la première place est occupée par la tendance santé.

En bref : le consommateur n'aime pas les additifs. La tendance additifs au restaurant aura du mal à s'intégrer dans le contexte « naturalité », même si une presse gastronomique fait de ses protagonistes des cuisiniers cultes. Car l'additif est mal accepté, comme les souligne l'ensemble de ces études – et des dizaines d'autres.

La gastronomie elle aussi – et en particulier, bien sûr, les meilleurs restaurants – s'évertue à transmettre l'image d'ingrédients naturels de qualité. À partir de 2008, l'opinion publique sait que les besoins de l'« art » dans l'avant-garde exigent bien plus de la part des cuisiniers que du sel, du poivre, de l'ail et de l'huile d'olive. Dans son ouvrage *La cocina al desnudo* (« La cuisine à nu »), le célèbre chef Santi Santamaría tire la sonnette d'alarme. Bientôt suivi d'articles sur le sujet publiés en Allemagne (*Der Stern*) et en France (*Le Monde*, *Libération*). Dans des événements organisés en Italie, à Capri (« Éthique et esthétique » avec la participation du légendaire chef Frédy Girardet) et à Ravello, sous la houlette d'Enzo Caldarelli, s'est posée la question de « la fin de la gastronomie ». Car si la gastronomie se met au diapason de l'agroalimentaire, alors en quoi en aurions-nous besoin ? Les plats moléculaires d'ailleurs commencent à s'immiscer sur le marché, comme le prouvent l'Airspuma en Grande-Bretagne et les Sphérifications vendues en boîtes en Espagne, sans oublier Arënkha, les faux œufs de hareng venus d'Espagne.

Santi Santamaría n'avait pas l'intention d'empêcher les cuisiniers moléculaires de poursuivre leurs expériences. Il demandait simplement que les restaurants affichent clairement la présence d'additifs, comme c'est le cas dans tous les supermarchés.

En Europe, certaines réglementations vont déjà dans ce sens : en Allemagne, par exemple, l'article 9 du ZzuIV (Décret sur l'autorisation des additifs) oblige les restaurateurs et les cuisiniers à mentionner sur la carte tous les additifs alimentaires utilisés. Malgré cela, l'Allemagne reste un modèle limité, car si les bistrots, les cafétérias et les petits restaurants respectent la règle, on ne trouvera dans la «grande cuisine» et les restaurants de luxe aucune référence aux fameux additifs. C'est qu'ils ne correspondent guère à l'image de «travail manuel exécuté par des experts hautement qualifiés en cuisine» que les cuisiniers veulent se donner. Les contrôles sont pour le moins sporadiques dans les établissements qui tiennent le haut du pavé. Jusqu'à présent, la presse n'a recensé aucun cas de restaurateur haut de gamme sanctionné pour non-respect de l'article 9 du ZzuIV.

La solution honnête: Étiqueter les plats

Maux de tête, digestion laborieuse, allergies et réactions cutanées, nausées, vomissements. Même avec des doses très inférieures à la DJA (dose journalière admissible), on risque ces effets secondaires. C'est d'ailleurs une raison pour laquelle l'industrie alimentaire doit étiqueter tout plat et toute préparation: si le client a une réaction physique à certains additifs, il peut facilement les éviter. Sauf au restaurant, ou le chef supposé «génial» nous dit avec un grand sourire que la recette, c'est son secret et, en plus, «il y a un tour de magie». Le tour de magie, c'est l'additif. Le «chef additif» transforme donc un lieu de plaisir, un restaurant, en lieu de souffrances pour certains clients. Est-ce qu'il se permettrait de servir des cacahuètes ou crustacés à un client allergique? Est-ce qu'il servirait de la viande de porc à un client végétarien, à un client qui ne veut pas en manger pour des raisons religieuses? Probablement que non. Mais dès qu'on parle au chef des additifs, une véritable guerre d'opinions éclate, surtout quand ces additifs s'appellent Texturas Albert y Ferran Adrià. «Ça fait partie de la cuisine d'aujourd'hui, dit le chef. Ça ne fait du mal à personne, c'est utilisé en quantité infime, on dispose d'une balance de précision…» J'ai tout entendu, y compris: «Ça ouvre un nouveau continent de goût et de textures».

Les cuisiniers moléculaires refusent en bloc toute information au client. « C'est trop de travail », m'expliquait un chef de cuisine connu. Trop de travail ? Il y a une dizaine d'années déjà, le restaurant parisien Le Divellec indiquait sur sa carte si un poisson était sauvage ou s'il provenait d'un élevage. Il y a quinze ans déjà, les appellations du Louis-xv à Monaco occupaient facilement six lignes, même dans le petit restaurant L et Lui à St-Paul-Trois-Châteaux, en France, le jeune chef Cédric Dénaux énumère aujourd'hui avec soin tous les détails de ses plats : « Foie gras de canard extra, direct Chalosse, cuit en verrine, confit, cendré d'aiguilles de pin parasol et pétales d'œillets de poète, pain de mie céréales toasté sur la plaque, salade sauvageonne de ce matin »... Un autre cuisinier moléculaire a trouvé une autre réponse à ma demande : « Je donnerais bien tous les détails sur mes plats, m'a-t-il déclaré, mais j'ai peur que mes clients ne reviennent pas ». Voilà un homme réaliste.

Contrairement à l'industrie, les restaurants ne sont pas tenus d'informer le consommateur sur leur usage d'additifs et d'arômes dans la plupart des pays. Pourquoi ? Si le chef souhaite utiliser les méthodes de l'industrie, il faut logiquement le soumettre aux mêmes règles d'hygiène, d'affichage et de contrôle que les industriels. (Accessoirement, ça ne pourrait pas nuire de faire respecter les doses maximales.) Tout chef est libre d'utiliser tout produit qu'il veut. Mais il doit en informer le client, surtout quand il s'agit de produits sensibles comme les additifs et les arômes artificiels. Un devoir d'information qu'il faudra instaurer pas seulement en Suisse et en France, mais dans toute l'Europe.

On a d'ailleurs du mal à comprendre la raison du traitement de faveur dont bénéficient les restaurateurs au détriment des industriels. Par leur formation, les salariés de l'agroalimentaire ne sont-ils pas plus qualifiés que les cuisiniers pour manipuler ce type de substances ?

Ce devoir d'affichage d'additifs peut se révéler utile pour les restaurateurs : au moment de la baisse de la TVA, un certain nombre d'indépendants se plaignaient que, même en baissant leur prix, ils ne feraient jamais le poids contre les restaurants de chaînes qui proposent des menus entre quinze et vingt euros. Voyons ce qu'il y a dans ces menus. Les « grands » savent-ils mieux calculer ? Ou utilisent-ils des aides chimiques ?

Et pourtant : exiger que soit respectée l'obligation d'étiqueter les produits a immédiatement provoqué une levée de boucliers dans le restauration.

Copinage et crustacés
La critique gastronomique se tait !

Dès qu'on aborde la question des additifs au restaurant, les critiques gastronomiques et les cuisiniers du monde entier se précipitent au-devant d'Adrià comme pour protéger leur idole des coups qu'il pourrait recevoir.

« La bonne cuisine se fait à base de bons produits » : la devise passait à la trappe, soudainement reléguée au paléolithique culinaire. Si Adrià les utilise, c'est que les additifs alimentaires sont sains et élégants !

Ainsi, François Simon, critique du *Figaro* se confiait en juillet 2009 aux lecteurs d'*Elle à table* au sujet du moléculaire : « J'étais un peu ennuyé de retrouver ce qu'on n'aime pas dans l'agroalimentaire, les exhausteurs de goût, les gélifiants, les colorants. En cela, cette cuisine me paraissait très rétrograde. Mais j'y ai trouvé une certaine poésie à la Mary Poppins. Seulement, il faut vraiment que ce soient des superchampions, dotés d'un vrai talent effrayé et réussi… Vous voyez Ferran Adrià se balader avec son spray de sous-bois, pschit-pschit, on pourrait s'esclaffer. Eh bien, on a le droit de le faire à Saint-Just-Saint-Rambert quand le maître d'hôtel pompe l'idée sans la citer. »

Eh bien, le spray de sous-bois, on peut le commander prêt à l'emploi chez un fabricant d'arômes, l'idée de génie culinaire est donc de « se balader avec » ou de faire « pschit-pschit ». Et les gars des labos de l'industrie alimentaire, ce sont donc des méga-champions. (Accessoirement, ils ont aussi fait des études qui leur permettent de manier des additifs.) Pendant ces dernières années, monsieur Simon a peu informé ses lecteurs de la présence de tout « ce qu'on n'aime pas dans l'agroalimentaire » dans la cuisine d'Adrià et Cie. Il n'est pas le seul.

Pendant que *Le Monde*, *Libération* ou *L'Express* informaient le lecteur sur les additifs en cuisine en 2008, d'autres formulaient des phrases telles que : « Le concept de bœuf virtuel ou de tarte déstructurée évoque la déconstruction derriderienne ou heideggerienne qui du néant remonte à un nouveau savoir sur l'être ». Quand le chef devient philosophe, certains journalistes gastronomiques se voient dans le rôle de « superphilosophe ». Il est facile de contrer ce pseudophilosophe avec sa propre rhétorique : mais, non, ce n'est ni Derrida, ni Heidegger sur l'assiette. C'est Sartre : *La Nausée*.

« Le but de la prochaine étape de l'émancipation du matériel est la reconstruction de la création culinaire purifiée par la déconstruction des textures et températures en addition avec un jeu libre d'une perception agrandie… » Eh oui, c'est bien un commentaire sur la cuisine, ça sort de la plume du chroniqueur allemand Jürgen Dollase, grand admirateur des méthodes moléculaires et de Ferran Adrià. Il les recommande dans ses propres recettes.

Si manger est un plaisir et un acte sensuels, les mots qui décrivent la cuisine d'aujourd'hui ressemblent souvent plutôt au mode d'emploi d'une caméra numérique dans une partie de la chronique gastronomique. On intellectualise l'emploi de l'additif, on s'efforce de l'anoblir en cherchant des métaphores dans la musique et la littérature, voire la poésie et la philosophie.

Mais une grande partie de la chronique prend de grandes longueurs pour éviter le mot additif.

Le chroniqueur Oscar Caballero par exemple cite l'interview de François-Régis Gaudry, journaliste à l'*Express*, avec Joël Robuchon : « *El único error de Adrià es el de haber comercializado productos bajo su propia marca* ». C'est bizarre, la phrase en langue française se lit : « Le seul tort de ce chef, c'est d'avoir commercialisé ses additifs sous sa propre marque ». La bonne traduction du mot « additifs » en espagnol est donc *productos*. On est content de le savoir. M. Caballero oublie un autre détail. À la question de Gaudry : « Ne pensez-vous pas que la cuisine moléculaire ne sera qu'une parenthèse dans l'histoire de la gastronomie ? » Joël Robuchon répondait : « Oui, et une parenthèse qui ne va pas tarder à se refermer ». Sans doute que cette phrase était un détail de moindre importance pour les lecteurs de la *Vanguardia*.

En Espagne, il n'est pas rare non plus que le journaliste gastronomique ait son agence de communication, comme Ana Escobar de Punto Radio possède Acción y Comunicación. Ce sont des agences qui communiquent évidemment sur les restaurants et qui sont payées par des restaurateurs. Le journaliste, peut-il décrire la cuisine aux additifs de façon neutre, une fois le *paycheck* du grand chef en poche ?

Aucun journaliste n'a posé une seule question à propos des « deux millions de réservations pour huit mille couverts » dont monsieurAdrià se vante. Imaginons qu'un refus de réservation prend en moyenne environ trente secondes : on dit bonjour, souvent on parle dans une langue étrangère, le client formule sa demande, on est complet, le client insiste un peu, c'est un rendez-vous important, un anniversaire, mais il faut dire non quand même. Si la réceptionniste de El Bulli travaille dix-huit heures, elle peut donc refuser deux mille cent soixante réservations par jour. Et si elle travaille sept jours sur sept, elle mettra seulement neuf cent vingt-cinq jours pour refuser tout ce beau monde. Mais combien de personnes Adrià emploie-t-il pour dire non à ses clients ?

Experts en tout, certains chroniqueurs gastronomiques déclarent toute discussion sur la présence des additifs dans la grande cuisine comme faux débat, si on touche à leurs idoles. Râlons sur les arômes à Saint-Just-Saint-Rambert, mais ne nous en prenons pas au panthéon de la cuisine. Ce serait la « querelle éternelle des réactionnaires et des modernistes ».

Vu les énormes profits générés par les plats riches en additifs, je dirais que c'est plutôt une querelle de cuisiniers honnêtes contre cuisiniers malhonnêtes, qui trompent le client sur leurs méthodes et leurs marchandises.

À l'étranger, on décrit facilement les Français comme chauvinistes et francocentristes. Pour moi, comme étranger, il est difficile de croire que la vaste majorité de la critique française s'agenouille devant les chefs aux additifs comme si c'étaient eux qui allaient sauver la gastronomie de l'oubli. En tant qu'étranger, j'ai envie de leur dire de montrer un peu de courage, de décrire une vraie vision de la gastronomie comme au temps de la nouvelle cuisine. Car si la « nouvelle cuisine » a conquis le monde, ce n'est pas parce qu'elle venait de France, pays de la gastronomie. C'est parce qu'elle avait un message à transmettre qui concernait, à l'époque, l'ensemble des pays de l'ouest. Il y avait eu mai 68, exit l'ancien, le monde avait envie de nouveau, les mouvements de fitness naissaient, donc, comme résultat, un besoin grandissant de légèreté et de nouveau en cuisine. Les chroniqueurs étaient chroniqueurs. Quand on lit les premiers *Gault & Millau* (qui d'ailleurs s'appelaient encore *Guide Julliard* à l'époque), on risque de mourir de rire. Les commentaires sont politiquement incorrects, parfois méchants, souvent pleins d'informations. Aujourd'hui, une vaste partie de la critique internationale se contente d'applaudir à tout et n'importe quoi à condition que l'assiette soit belle. Le rôle d'expert est de plus en plus dans la main des chefs – ils sont d'ailleurs très bien représentés dans le « jury » du classement de *Restaurant Magazine* pour classer tous les ans les « cent meilleurs ». Je n'ai d'ailleurs toujours pas compris comment un chef qui gère ses propres affaires trouve le temps pour tester des restaurants à l'autre bout de la planète, mais passons.

« La critique doit périodiquement reproblématiser la gastronomie, être à l'écoute de l'esprit du temps, qui s'exprime dans les essais et les errements des cuisiniers pour formuler les enjeux sociaux et culturels qui les traversent », dit Jean-Pierre Poulain, sociologue, professeur à l'Université de Toulouse. Une vaste partie de la chronique gastronomique se tait, ne problématise rien, mais trouve apparemment que l'additif en cuisine, c'est *fun*. Et c'est pire dans les nouveaux médias :

Jamais dans l'histoire de l'humanité il n'a été aussi peu coûteux de lancer une campagne de désinformation. On n'a plus besoin d'être patron d'un groupe de presse et de se lancer en campagne, un téléphone et un accès Internet suffisent. Quand les policiers de la NAS (Nuclei Antisofisticazioni e Sanità dell'Arma) italienne ont confisqué des additifs dans une petite centaine des restaurants, une douzaine de personnes ont empoisonné les forums de la Péninsule transalpine.

Sans connaître les causes exactes de l'intervention, ils traitaient les policiers d'incompétents. Dans un forum particulièrement virulent, un participant demandait « d'appeler la camorra » pour « régler son compte » au jeune chef Rocco Iannone, auteur de la préface de l'édition française de ce livre. Iannone s'était prononcé contre la cuisine moléculaire devant les caméras de l'émission Striscia la notizia. Être contre le surdosage d'additifs dans nos assiettes, c'est donc devenu un crime qui mérite amplement la peine de mort. Aucun commentaire ne passait impuni, parfois le temps de réaction du camp pro-moléculaire ne dépassait pas une minute. Certains semblaient passer vingt-quatre heures sur vingt-quatre devant leur écran. Ces gens ont-ils une vie en dehors d'Internet ? Un être cher, une famille, des amis, un chien ou un chat ? En règle générale, ça me fait doucement rire d'apprendre que la personne qui se cache derrière un pseudo comme « Pingouin déguisé » ou « Thor le destructeur » se prononce en faveur de la cuisine aux additifs. Mais les choses peuvent se corser :

Émettre des doutes sur la cuisine moléculaire – et surtout sur celle de Ferran Adrià – en public, c'est un peu comme douter de Lee Ron Hubbard (fondateur de la scientologie) pendant un congrès de scientologues. En Europe, tout le monde a le droit se moquer du président ou du chef d'opposition, du pape et des cardinaux et de toute autre croyance religieuse. On peut faire des blagues exécrables sur des grands patrons ou sur son chef de service. Mais des grands cuisiniers moléculaires, tu ne douteras point.

La vengeance ne viendra pas par intervention divine mais ne se fera pas attendre. Les gastronomes autoproclamés vont remplir leurs blogs, forums et sites personnels de haine contre le « mécréant moléculaire », l'establishment gastronomique essaie de vous frapper de toute sa force, peu importe si vous êtes chef ou journaliste.

Qu'on ne se méprenne pas : de nombreux blogs, forums et sites personnels sont pleins de bonnes idées et des bonnes intentions. Il est intéressant de suivre l'argumentation de Sébastien Durand, un conseil en communication et *storytelling*, qui aime la cuisine moléculaire (et, a priori et d'après ses lignes, n'aime pas la publication que vous tenez dans la main). Mais Durand argumente son point de vue. et plaide finalement pour plus d'honnêteté dans la cuisine :

> Transparence et pédagogie : dans l'intérêt de la gastronomie moléculaire, ces deux principes pratiqués au Futuroscope devraient être appliqués par les chefs étoilés au lieu de s'abriter derrière l'excuse d'Adrià qui ne résout rien : «De tout temps les avant-gardes ont été critiquées par les forces réactionnaires »... C'est un peu court comme réponse.

Et il n'est pas moins intéressant de lire le fil intitulé « The Fat Duck, un 3-étoiles dur à digérer ? » sur les forums du site www.lapassionduvin.com. Des gastronomes avisés y racontent leur vécu et les bruits de « radio casserole ».

Mais les quelques douzaines d'auteurs qui mènent un vrai débat sont noyées dans Google par des « hooligans 2.0 » qui utilisent des nouveaux médias pour insulter et menacer sans avancer le moindre argument. Le mécréant doit être puni ou au moins subir une exécution symbolique sur la place publique du www. Pendant que le chef honnête travaille, le « chef additif » pollue Internet.

Surtout en Espagne, ou un nombre grandissant veut transposer une règle du franquisme à la cuisine : « Si vous n'êtes pas pour Franco, vous êtes contre l'Espagne » – c'était il y a quelques décennies. Aujourd'hui on est contre l'Espagne, quand on critique Adrià, Dacosta, Aduriz ou autres chefs d'avant-garde. Le site www.7canibales.com par exemple est résolument promoléculaire et regorge de bannières sponsor de Nespresso à Texturas Albert y Ferran Adrià. Gare à celui qui critique le moléculaire, les sept *canibales* vont montrer qu'ils ont des dents qui mordent.

Parfois il semble que les Espagnols sont les premiers à oublier leurs vins merveilleux, leurs jambons et saucisses, leurs truffes, leurs poissons extraordinaires pour se concentrer sur une poignée de cuisiniers qui croient qu'ils savent travailler l'additif. Une culture gastronomique ne se reflète pas das une poignée des grands chefs, une culture gastronomique se vit au quotidien.

En Italie, ce n'est guère différent. Dans son blog, Stefano Bonilli, ancien directeur du magazine *Gambero Rosso*, attaquait la journaliste Raffaella Prandi pour m'avoir interviewé avant la sortie du présent livre en Espagne. Elle serait devenue le « mégaphone passif » de mes opinions. Selon cette définition, tout média pourrait donc être vu comme « mégaphone passif ». Mais l'intention est claire : Il faut que l'usage des additifs en cuisine reste hors de la vue du client lambda. Mieux vaut mentir aux lecteurs que de douter des icônes qu'on a construites. C'est ça, le piège quand on joue à « copinage et crustacés ».

Tout un bataillon d'auteurs est donc prêt à argumenter que « l'obligation d'étiquetage tuerait la magie de la cuisine ».

L'argument est pourtant difficile à comprendre. En effet si certains chimistes peuvent anticiper les effets produits par la cuisine moléculaire, l'immense majorité des clients, en revanche, n'a pas les connaissances nécessaires. Le « droit de l'expert d'être surpris » doit-il l'emporter sur le droit à l'information des convives ?

Autre argument : « La plupart des gélifiants et des épaississants utilisés dans la cuisine avant-gardiste ne sont pas absorbés et, par conséquent, s'évacuent aussi vite qu'ils sont ingérés ».

Ce qui reviendrait à dire que les aliments qui ne sont pas digérés n'ont aucune incidence sur l'organisme. Une opinion que le docteur Joanne K. Tobacman ne partage pas : « Augmenter l'ingestion de carraghénanes en partant du fait qu'on ne les absorbe pas et que, par conséquent, ils ne sont pas source de calories, me paraît une idée des plus néfastes ».

On trouve les carraghénanes, additif E 407, dans les produits Iota et Kappa. Selon le docteur Tobacman, ces substances sont cancérigènes (v. plus haut).

On pourrait se demander de manière générale si on se rend tout de même au restaurant pour se gaver de produits indigestes tels que la méthylcellulose ou les carraghénanes.

« Tout dépend de la dose : le thon et le saumon aussi contiennent des métaux lourds », rétorquent encore ceux qui s'opposent à cette obligation d'étiquetage.

Et c'est précisément parce que tout dépend de la dose qu'il devient impérieux d'étiqueter correctement les plats.

Considérons posément la question : il est vrai que du mercure se dépose dans la chair des thons, ce qui peut entraîner des dommages cérébraux et cardiaques. L'absorption de métaux lourds de la part des poissons s'effectue surtout au travers des proies dont ils s'alimentent. Il existe des taux limites : en Allemagne, par exemple, ce taux est d'un milligramme par kilo de poisson. On suppose également que les conserves de poisson contiennent en partie des alliages organiques d'étain tels que le tributylétain (TBT), provenant des couches de peinture dont on revêt les coques des navires. Même s'il n'existe pas de plafond légal pour le TBT, les médecins le considèrent comme dangereux à des doses supérieures à dix milligrammes par kilo. En général, les doses contenues dans les boîtes de conserve sont loin d'atteindre cette limite.

Toutefois, le mercure, le TBT, le plomb et le cadmium, éléments fortement indésirables, proviennent des déchets industriels versés dans les mers et les océans. Ils ne sont ni ingrédients ni additifs. Ils proviennent de la pollution et ne font pas partie d'une recette.

Et il est assez significatif que l'auteur de cet argument mette sur le plan la consommation d'additifs alimentaires et les problèmes de santé dérivés de la pollution des mers.

Autre argument de la part d'un critique gastronomique : « L'alimentation industrielle sous toutes ses formes, y compris celle de la restauration rapide, oblige le consommateur à ingérer par semaine une quantité d'additifs (les fameux E) bien supérieure à celle qu'il absorberait dans un menu de cuisine moléculaire ».

L'auteur compare ici l'ingestion hebdomadaire de chimie alimentaire avec celle d'un menu unique. En supposant que notre consommateur s'alimente de préférence de plats cuisinés, il se peut que le critique ait raison. Mais si l'on compare un seul menu de plats cuisinés avec un seul menu moléculaire, la comparaison va à l'encontre de la cuisine moléculaire. L'industrie utilise beaucoup moins d'additifs alimentaires que la cuisine.

Vulgairement parlant, l'argument reviendrait à dire : « Puisqu'il n'y a pas moyen d'éviter ce bastringue, autant s'y faire ».

« Les additifs sont utilisés en quantité infime. » Un non-argument : le fait qu'il n'y a que 200 mg d'ibuprofène dans un antidouleur ne veut pas dire que cet antidouleur est inefficace – au contraire, il agit très bien sur la plupart des gens. Les fichiers sécurités des fabricants disent clairement que la plupart des additifs à l'état pur ne sont pas neutres. Ils recommandent gants, lunettes et protection respiratoire pour les manipuler. Outre la quantité, il est important pour les professionnels de connaître la concentration de l'additif. Beaucoup d'additifs pour la cuisine moléculaire sont recoupés avec de la maltodextrine, donc moins concentrés qu'à l'état pur.

Mais la quantité d'additifs chimiques qui se retrouvent dans l'estomac d'un convive après douze ou quarante plats, seul le cuisinier la connaît. Le client ne sait rien de ces substances et n'a pas été non plus informé de leur utilisation.

Voici ce qu'un cuisinier français a expliqué à la presse: «Personne ne nous a jamais demandé auparavant si nos gelées animales étaient bonnes pour la santé. Pourquoi cette question se pose-t-elle aujourd'hui à propos des nouveaux ingrédients?»

En réalité, de nombreuses études scientifiques, en particulier à l'époque de la crise de l'encéphalopathie spongiforme bovine, ont été consacrées aux gelées animales. La maladie de la vache folle a déclenché dans les années quatre-vingt-dix une avalanche d'articles scientifiques sur ce type de produits.

L'industrie alimentaire avait alors réagi rapidement. En 1996 déjà, certains grands groupes de l'industrie alimentaire utilisaient de la gélatine de porc. Selon un rapport de 2003 du Comité scientifique directeur, le risque de contagion de l'encéphalopathie spongiforme bovine (ESB) au travers de gelées dûment traitées est très mince. Une étude menée cette même année par l'Administration américaine des denrées alimentaires et des médicaments en était arrivée à des conclusions identiques. On a analysé pour ce faire le *worst case*, le pire des cas, où toute la matière première utilisée venait exclusivement de veaux atteints d'ESB. Les résultats des recherches ont prouvé que même dans ce cas on ne pouvait pas déceler des traces d'infection d'ESB dans les gelées. Malgré tout, le risque d'ESB a été pris très au sérieux et les processus de production ont été en partie modifiés. On a donc étudié à fond la question du danger que pouvaient représenter les gelées animales.

Toutefois, il est vrai que le processus de fabrication de gélatine n'a rien d'appétissant. Au restaurant, de très grands cuisiniers ont gélifié eux-mêmes, en utilisant par exemple des pieds de veau. Ce souci du détail a une raison principale: ces grands cuisiniers veulent savoir ce qu'ils servent à leur client.

On remarque une fois de plus que ce cuisinier a du mal à prononcer le mot additif: dans le cas qui nous occupe, il ne s'agit pas de « nouveaux ingrédients », mais bien d'additifs alimentaires.

Un autre cuisinier a avancé l'argument suivant: « Les additifs alimentaires sont des ingrédients comme les autres. Ils se composent de végétaux, de chair de fruit et de fruits secs. » Beaucoup d'additifs proviennent en effet de substances végétales: des cellules, des algues indigestes, des champignons de moisissure se transforment en additifs grâce à la chimie (v. « La légende de l'additif naturel »).

Même si l'on pouvait extraire les additifs directement des fruits, des légumes et des noix, l'opération serait absurde d'un point de vue économique, tout simplement parce que la valeur marchande du produit est supérieure à l'état naturel.

On dit aussi volontiers que « les cuisiniers moléculaires utilisent ces substances en quantités microscopiques », mais ce n'est pas parce qu'une substance est employée en petite quantité qu'elle ne fait pas effet. Regardez par exemple le dosage de n'importe quel médicament: 200 ou 400 milligrammes?

Les quantités sont en effet microscopiques si on les compare aux quantités que requièrent les recettes de sole, d'agneau ou de veau. Les cuisiniers moléculaires ont recours à la chimie alimentaire au moins autant que l'industrie agroalimentaire. Plus, même parfois: quand on produit en quantités industrielles, on peut ajuster exactement la quantité d'additifs par kilo au centième de gramme près. La quantité exacte d'additifs ainsi que leur concentration dans un menu de douze à quarante petits plats restent un secret professionnel de nos chefs de Soylent. Un taux de 25 % de méthylcellulose gonflée par rapport au poids total d'un plat ne saurait passer pour une quantité microscopique. Et encore moins, comme on l'a dit, dans un seul plat.

Les produits chimiques, comme les médicaments, développent leur potentiel en fonction de leur concentration. Quelques grammes suffisent à provoquer des effets physiques. Prenons l'exemple de la spirale d'huile d'olive de la page xxx: les quantités employées restent modestes aux yeux du cuisinier.

Nombreux sont les auteurs qui évitent dans leurs propos de se référer à cette obligation de déclarer les additifs alimentaires utilisés au restaurant, préférant disserter sur le progrès en lui-même et pour lui-même. L'argument est le suivant : « En fin de compte, les cuisiniers expérimentent et seule l'expérimentation est source de progrès ».

Or, dans le domaine de la cuisine moléculaire, ce ne sont pas les cuisiniers qui expérimentent, mais les scientifiques (voir le chapitre « Le projet INICON »). Les Adrià et Blumenthal de ce monde – le Britannique collabore avec l'Université de Nottingham – sont en quelque sorte les porte-parole de la vulgarisation parmi leurs clients des additifs et des méthodes de production de l'industrie agroalimentaire. Les clients, eux, font confiance aux cuisiniers, pas aux chimistes. Les restaurants sont devenus des vitrines de la chimie alimentaire industrielle.

Pour s'assurer d'un succès authentique et durable, on en appelle à l'histoire récente de la cuisine : « Au début, on ne prenait guère non plus au sérieux la nouvelle cuisine qui a suscité une grande polémique entre les chantres de la tradition et les défenseurs de la modernité. Et aujourd'hui, plus personne ne discute du bien-fondé de la nouvelle cuisine ».

Sans doute parce que la nouvelle cuisine, ce sont des cuisiniers qui l'ont inventée. Attribuée en général à Paul Bocuse, elle est surtout le fait de Michel Guérard. Son principe se base sur des plats plus légers et préparés avec soin.

La cuisine moléculaire ne date pas d'hier, puisqu'elle applique des techniques depuis longtemps mises en œuvre dans l'agroalimentaire. Ici, point de Guérard ni de Bocuse, mais des équipes de chercheurs.

Et, à la différence de la nouvelle cuisine dont les représentants n'avaient de cesse d'exposer leurs idées au public, les cuisiniers moléculaires sont loin d'afficher la même sincérité. En donnant aux carraghénanes (E 407) les noms commerciaux de « Iota » et « Kappa », on évite à tout prix de parler de chimie alimentaire. Dans certains pays comme la France, les cuisiniers tâchent de cacher à leurs clients la nature chimique de leurs additifs. C'est de la « cuisine de camouflage», où les intervenants ont tout intérêt à ce que leurs clients ne sachent rien de la nature des substances utilisées. Au contraire de la nouvelle cuisine donc, ou de toute autre «nouvelle cuisine» au cours des siècles, dont le propos fut toujours d'«être plus légère, plus épurée, plus proche du produit».

Certains arguments, en particulier, ne manquent pas d'astuce: «Les excès sont le prix du progrès. La cuisine moléculaire est nouvelle, il est normal qu'elle se cherche».

Qui donc veut manger des excès d'additifs et nager dans un océan de produits chimiques? Qui plus est quand on sait que le cuisinier «se cherche» et doit d'abord se trouver lui-même. Ces cuisiniers sont-ils des enfants que les clients doivent pourvoir d'une nurserie?

Autre argument: laissons aux chefs le soin de se confronter à leur éthique, il ne faut pas se mêler de la question de l'additif.

La plupart des chefs sont des gens honnêtes qui travaillent dur. Un d'entre eux a vidé quelques douzaines de boîtes chics aux noms marketing encore plus chics en direct à la poubelle devant moi, dès qu'il a appris qu'il s'agissait pas d'ingrédients miracles, mais d'additifs. Et la plupart des chefs ont une éthique et une fierté professionnelles. Comme dans toutes les professions, il y en a qui n'en ont pas du tout. Sans vouloir confronter qui que ce soit à son éthique, la solution d'étiqueter clairement les additifs sur la carte ne serait que la preuve de l'honnêteté des cuisiniers.

Quant à l'argument qui prétend qu'en Europe il n'existe pas plus d'une douzaine de cuisiniers moléculaires, il fait presque timide. S'il y a *overdose* d'additifs, il ne s'agit donc que d'un simple problème de luxe.

Peu nombreux, soit, mais le bruit qu'ils font dans les médias équivaut à celui que feraient des centaines d'autres cuisiniers réunis. Ils se veulent un modèle pour le secteur, promettant la gloire et le succès en échange d'un modeste investissement économique. Un argument qui porte. Petit à petit, en catimini, les cuisiniers traditionnels adoptent des méthodes propres à la cuisine moléculaire. La pâtisserie, en particulier, est encline à en utiliser les additifs, dont le pouvoir gélifiant permet de vendre plus cher une quantité moindre de matière première.

Le marché de la gastronomie traditionnelle est justement dans le collimateur des représentants chimistes qui y écoulent leurs produits sous le parrainage des «meilleurs cuisiniers du monde».

Ou encore en avançant en dernière instance: «Il n'est pas interdit de cuisiner de cette manière».

Pendant des décennies, on a pu fumer partout. Dans de nombreux pays, on ne sanctionne pas non plus le fait de cracher par terre. Est-ce pour autant désirable?

Un argument qui pourrait se retourner fatalement contre les cuisiniers moléculaires. Comme nous l'avons dit, le législateur autorise pour de nombreux additifs le *quantum satis*, autrement dit la quantité suffisante compte tenu d'une «bonne pratique de production» et à condition, bien entendu, de ne pas leurrer le consommateur. Les producteurs industriels utilisent souvent moins de produits chimiques que les cuisiniers. Ne serait-il pas logique d'en déterminer le dosage en fonction d'une «bonne pratique de production»? Et que dire de la tromperie à l'égard du consommateur? Au restaurant, rien n'est dit des additifs. Ne peut-on pas considérer comme une arnaque l'ignorance involontaire dans laquelle est tenu le convive?

L'offensive moléculaire

Dans le débat sur l'utilisation en cuisine de la chimie alimentaire, le célèbre cuisinier Ferran Adrià aussi a pris parti dans une interview du journal *El Mundo*. Avec, entre autres, des propos tels que: «La haute cuisine utilise depuis des années ce type de produits chimiques».

Ce qui est vrai, bien sûr. Il a lui-même largement contribué à les y introduire voilà plusieurs années et à les diffuser au travers de sa gamme de produits Texturas. Certains chefs ont pu aussi rehausser artificiellement le goût de leurs créations grâce au glutamate monosodique. Les cuisiniers qui ne se souciaient que de l'appât du gain cachaient pudiquement cette ressource; personne ne s'en serait jamais vanté en public et n'aurait encore moins élevé à la catégorie d'art l'utilisation en cuisine de la chimie alimentaire.

Adrià dit aussi : « La crème glacée maison, l'authentique, a besoin de stabilisants pour éviter la formation de cristaux de glace ».

Faux. La crème glacée artisanale ne contient aucun stabilisant. La formation de ces cristaux est évitée dans la sorbetière et il n'est pas prévu de congélation à long terme. De nombreux documents historiques dans toute l'Europe, et surtout en Italie, attestent l'existence de bonnes crèmes glacées bien avant l'apparition de la chimie alimentaire.

Pour ce qui est de la crème glacée industrielle, on évite la formation de cristaux de glace dans la congélation à long terme en ajoutant de la carboxyméthylcellulose (CMC), jusqu'à 20 grammes par kilo de glace selon les fabricants.

« Le chocolat contient de la lécithine », explique encore Adrià.

La production industrielle a normalement recours aux émulsifiants pour assurer un mélange homogène entre la graisse du beurre de cacao et les autres composants du chocolat. La plupart du temps, il s'agit de lécithine dérivée (souvent génétiquement modifiée) du soja. Après tout, la lécithine est autorisée presque partout dans le monde. Bien sûr, il est possible de fabriquer du chocolat sans émulsifiant, mais l'élaboration n'en sera que plus fastidieuse, l'addition de lécithine écourtant la longue phase du conchage. Conchage ? Le Suisse Rodolphe Lindt a mis au point en 1879 cette technique qui consiste à battre, puis à chauffer le chocolat à 90 °C, afin de le débarrasser de ses arômes non désirés, de sa graisse et de son humidité, ce qui rend le chocolat plus onctueux. Le conchage fait encore aujourd'hui partie du processus de fabrication du chocolat. Grâce à la lécithine, l'opération est désormais beaucoup plus rapide et présente aux yeux des industriels de notables avantages : la date de péremption est repoussée, la surface gagne en brillance et ne blanchit plus aussi facilement. Des avantages qui ne sont d'aucune utilité au restaurant où les desserts sont servis le jour même de leur préparation. En l'occurrence, le grand cuisinier compare sa cuisine au tout-venant des chocolats.

« L'agar-agar est une substance épaisse qu'on utilise au Japon depuis des siècles. »

Ce qui est également vrai, mais cet argument n'avance à rien.

« La tomate aussi a une composition chimique », affirme Adrià pour finir.

C'est certain et vrai aussi pour n'importe quel autre aliment ou substance. Une lapalissade. La tomate est un aliment et peut se consommer sans être forcément altérée.

« Les additifs ne représentent qu'un pour cent de ma cuisine », se plaint aussi Adrià dans un entretien avec Steve Kingstone pour la BBC diffusé le 27 juillet 2008. La critique de Santamaría ne serait rien d'autre que « la plus grande folie de l'histoire de la cuisine. Des mensonges, des mensonges, rien que des mensonges ! » Jetons un coup d'œil à ce propos sur le site internet du maestro, www.texturaselbulli.com, et regardons quelques-unes de ses recettes :

Les croquettes sphériques inverses au jambon ?
1000 g d'eau
5 g d'E 400 (Algin)
250 g de base de croquette au choix sans la farine
6 g d'E 578/E 327 (gluconate de calcium/lactate de calcium – Gluco)
0,8 g d'E 415 (Xantana)

Les tagliatelles au safran ?
250 g de consommé sans sel
10 brins de safran
4,8 g d'E 418 (Gellan)

Les boulettes de fèves tendres ?
Pour le mélange de Metil :
100 g d'eau
3 g d'E 461 (Metil)
Pour les boulettes de fèves tendres
65 g de fèves tendres écossées et épluchées
20 g de mélange d'E 461 (Metil)

Pour ces boulettes, on fait gonfler la cellulose indigeste jusqu'à 20 grammes, quantité que l'on sert avec 65 grammes de légumes.

De ces recettes, pas une ne pourrait fonctionner sans ces additifs chimiques. Que mange-t-on ? Eau, consommé et soupe gélifiés.

Sans ce pour cent (et parfois plus) d'additifs, certaines recettes seraient impossibles à réaliser. Mais, quel que soit ce pourcentage, les doses d'additifs alimentaires sont ici maximales.

Dans un article pour la BBC, Kingstone mentionne aussi que « durant notre entretien, j'ai tout de suite senti que monsieur Adrià n'aimait guère qu'on le représente comme un docteur Frankenstein affublé d'une toque de cuisinier ».

C'est justement au cours de cette interview que Ferran Adrià aurait formulé la fameuse phrase : « Il est absurde d'insinuer que les additifs alimentaires constituent de nos jours le problème de santé numéro un. Notre alimentation connaît des problèmes bien plus graves que celui d'une poignée de cuisiniers qui font des choses un peu différentes ».

Notre vie quotidienne fourmille de milliers de problèmes dont les plus graves restent sans doute l'angoisse face à la maladie, au chômage, aux accidents ou, tout simplement, à un mauvais bulletin scolaire de nos enfants… Mais, d'un point de vue rhétorique, la réponse d'Adrià est très significative.

Selon lui, les additifs alimentaires sont effectivement un problème, même s'il existe des milliers de questions plus importantes.

Pourtant, le problème de la cuisine moléculaire ne se pose pas seulement en termes d'additifs. Il réside dans le fait que l'on sert en partie aux clients, à leur insu, de grandes quantités de substances chimiques dans leur repas et que, sous le couvert du nom d'un grand cuisinier, on les écoule dans les petits restaurants du monde entier.

Les chefs de cuisine qui « font des choses un peu différentes » mettent à leur banc d'essai les estomacs de leurs clients. Sans même leur demander, au cas où, leur consentement.

Vu par l'Italie – *Striscia la Notizia*

Le 4 juin 2009, des unités spéciales da la police italienne frappent à la porte d'une petite centaine de chefs de cuisine qui « font des choses un peu différentes ». Ces policiers travaillent pour la NAS (Nuclei Antisofisticazioni e Sanità dell'Arma), une unité spéciale des carabinieri, redoutée parmi les tricheurs dans l'agroalimentaire. Les chefs moléculaires, normalement fiers de leur savoir, ne font pas les malins. Certains nient avoir utilisé des additifs. Les policiers montrent qu'ils ont bien préparé leur intervention et posent des factures sur la table. Réponse générale : « Je n'utilise que l'agar-agar et le lécithine. Tout le reste et pour mon usage personnel ». Et les autres additifs pour chefs, qui les utilise ? Pourquoi sont-ils sur le marché ?

Le 4 juin 2009, les *carabinieri* ont fouillé quatre-vingt-dix-huit restaurants et, à la fin de la journée, environ six cents boîtes d'additifs étaient confisquées. Depuis, les additifs sont revenus chez les distributeurs et dans les restaurants. Les fabricants avaient simplement à changer l'étiquette. Car l'additif n'est pas interdit. Mais la police italienne avait envoyé un message fort aux « cuisiniers d'avant-garde » : « On sait, ce qui se passe chez vous et on est prêt à intervenir ». Le colonel Rocco Amoroso rappelait aux restaurateurs qu'il faut informer les clients sur demande de la présence d'additifs dans l'assiette. Depuis, « radio casserole » dit que les autorités italiennes se penchent sérieusement sur la question de l'additif au restaurant, qu'on va légiférer, qu'il va falloir étiqueter plats et additifs pour cuisiniers amateurs. On attend et on espère le meilleur.

L'intervention policière est pour l'instant le dernier chapitre du feuilleton du printemps 2009 autour de la cuisine d'avant-garde.

Pendant tout un mois, l'émission *Striscia la notizia* avait informé les téléspectateurs des coulisses du moléculaire. *Striscia la notizia* est une émission extrêmement populaire depuis plus de dix ans, genre Julien Courbet, mais au quotidien. Jour après jour, l'équipe autour d'Antonio Ricci a des millions des téléspectateurs. Au programme : des infos satiriques, mais aussi des citoyens qui racontent leurs malheurs pour que *Striscia la notizia* leur vienne en aide. J'étais parmi ces citoyens, me plaignant que le travail du cuisinier est petit à petit remplacé par l'additif. Et c'était parti. L'équipe de télévision a enquêté, a fait analyser des boîtes d'additifs pour restaurateurs, a donné la parole aux promoléculaires aussi bien qu'aux antimoléculaires. Parmi les participants : Livia Iaccarino (Don Alfonso), Rocco Iannone (Pappacarbone), Santi Santamaría (Can Fabes), Silvana Stazio (La Locanda del Castellano), Gualtiero Marchesi, le restaurateur légendaire Arrigo Cipriani, Enrico Derflingher, Ettore Bocchia, les journalistes Carlo Cambi et Enzo Vizzari… et beaucoup d'autres. Bientôt la fonction des guides et des journalistes gastronomiques fut remise en question. Mais pourquoi n'informent-ils pas leurs lecteurs de ces pratiques ?

Pendant que le « plus grand chef du monde » signait son dernier ouvrage dans une librairie à Milan, le présentateur italien Max Laudadio réussissait à interviewer Ferran Adrià. Ils ne connaissait pas le projet INICON et prétendait que les Texturas sont entièrement naturelles. Tout cela serait « une grosse bêtise » ! Mais l'amnésie d'Adrià était temporaire : quand Laudadio sortait une liste des participants, le chef se souvenait soudainement d'avoir été parmi eux. Seulement, selon lui, « c'était pour peu d'argent ».

Concernant sa ligne Texturas, le chimiste Veniero Gambero, professeur à l'Université de Milan le contredisait : « Ce sont des additifs qu'on ne devrait qu'utiliser dans certains buts bien précis ». Vingt jours plus tard, Laudadio s'approche de l'associé d'Adrià, Juli Soler, copropriétaire de El Bulli, pour lui poser quelques questions. Cette fois, pas de discussion. Soler insulte Laudadio avec des phrases qu'on ne peut répéter en entier : « *Cinga tu madre pero cingala bien… P… a Madonna spudorata, Dios p…, qui non leca non chiavo !* »

Laudadio et l'équipe de *Striscia* se déplacèrent jusqu'à Paris, où le chef Alain Dutournier (Le Carré des Feuillants) leur raconta son malaise dans un restaurant moléculaire. « Mes cinq copains, qui au début se moquait de ma "santé fragile" montrèrent les mêmes symptômes que moi – juste plus tard… »

Comme partout, les chefs « moléculaires » disaient que l'additif est naturel, traditionnel, qu'ils sont de grands scientifiques, etc. Les carabinieri étaient d'un autre avis : des additifs de l'usine chimique, déclarés comme produits naturels, des irrégularités dans l'affichage du contenu des boîtes chics en aluminium, tout cela ne plaisait guère aux spécialistes de la sécurité alimentaire.

CHAPITRE XIV

De la nouvelle cuisine

« J'avoue que mon estomac ne s'accommode pas de la nouvelle cuisine. Je ne peux souffrir un ris de veau qui nage dans une sauce salée […]. Je ne puis manger d'un hachis composé de dinde, de lièvre et de lapin, qu'on veut me faire prendre pour une seule viande. Je n'aime ni le pigeon à la crapaudine, ni le pain qui n'a pas de mie. »

Extrait d'une lettre de Voltaire
au comte d'Artois

Dans la mesure du possible, la plupart des critiques gastronomiques ont esquivé la question des additifs alimentaires dans les restaurants, dont l'usage croissant a été présenté comme un conflit entre le « traditionaliste » Santamaría et le « réformateur » Adrià. Un célèbre chroniqueur a considéré que « le convive éclairé est tenu de prendre parti pour Adrià ». Une semaine plus tard, on le voyait s'indigner de la présence d'additifs dans les croissants du petit déjeuner. Il s'agissait en partie de substances identiques à celles dont Adrià se sert beaucoup plus massivement dans sa cuisine. Il serait vain de débattre sur de telles contradictions, qui toutes reflètent la même opinion : les additifs sont abominables dans la vie de tous les jours, mais géniaux dans la cuisine moléculaire.

Il est vrai que, parmi les professionnels de la cuisine, la soif de nouveautés paraît insatiable : François Pierre de la Varenne (1618-1678), auteur de l'ouvrage *Le Cuisinier françois*, fut l'un des premiers écrivains cuisiniers à se distancier clairement de ses prédécesseurs : il élimine l'or de l'alimentation de la Renaissance, supprime les éléments sucrés, favorise l'apparition des ancêtres de sauces aujourd'hui classiques comme la hollandaise ou la béchamel.

Tout au long de l'histoire des livres de cuisine, les auteurs ont censuré chez leurs prédécesseurs des asperges trop peu cuites ou trop croustillantes, ont qualifié leurs pères de « gothiques » et déploré la surcharge de leur cuisine ou la lourdeur de leurs apprêts. Au cours des siècles, les partisans des nouvelles cuisines ont tous partagé cette même volonté de faire table rase des connaissances acquises pour repartir à zéro, tandis que les opposants à toute forme de progrès culinaire tâchaient tant bien que mal de maintenir le statu quo. Comme il y a toujours eu des conservateurs, il y a toujours eu des modernes. Tel que le Français Jules Maincave, par exemple :

> L'art de la cuisine française reste déplorablement collé à une dizaine de recettes ; les mêmes plats apparaissent sur les tables, rebaptisés une centaine de fois [...]. Depuis trois siècles, nous avons eu peu de plats vraiment nouveaux en France [...]. L'huile mêlée au vinaigre forme une sauce classique, mais la pensée de mélanger du rhum avec du jus de porc est considérée comme hérétique. Pourquoi ? De même pour les assaisonnements nous sommes pitoyablement limités. Nous utilisons encore le laurier, le thym, le persil, tandis que le progrès de la chimie moderne nous permettrait d'utiliser des roses, des lilas, des lys. Il n'y a rien de plus délicieux, à mon opinion, qu'un bœuf au kummel garni de rondelles de bananes et fourré au gruyère ; ou qu'une purée de sardines au camembert...

Ce partisan d'une nouvelle tendance culinaire s'est rendu célèbre en 1914, avant de mourir au cours de la Première Guerre mondiale.

La dernière révolution culinaire s'est produite dans les années 1970.

Michel Guérard et la nouvelle cuisine

Cuisine légère, produits frais, sauces diététiques, portions minimales: de quoi réfléchir aujourd'hui sur le phénomène de la nouvelle cuisine, dont les débuts n'auraient pu être plus discrets entre les mains d'un fils de boucher normand. En 1965, au cours d'une vente aux enchères le jeune Michel Guérard fait l'achat pour vingt mille francs d'une petite auberge à Asnières, un faubourg parisien qui n'est pas connu pour être des plus raffinés. Les riches clients de la capitale peinaient à trouver le chemin qui menait au Pot-au-Feu… dont le chef, Guérard, était de surcroît pâtissier. Un an plus tard, Guérard croulait sous les dettes. D'autres que lui se seraient effondrés, mais le jeune Michel, au contraire, se sentait libéré: « Je savais que je n'avais plus rien à perdre. Je pouvais enfin créer sans le poids de la tradition et des idées reçues ». Les critiques n'ont d'ailleurs pas tardé à s'enflammer pour sa salade folle aux haricots, asperges et foie gras ou ses simples Saint-Jacques frites. À l'époque, la cuisine n'était pas encore nouvelle et la maison Guérard offrait aussi des tripes au sancerre…

Un jour, une dame élégante à la chevelure châtain ondulante pénétra dans la cuisine pour remercier monsieur Guérard des leçons qu'il avait données à l'apprenti de l'un de ses hôtels balnéaires. C'est le coup de foudre. L'État perce une rue qui passe au milieu du Pot-au-Feu et notre couple d'amoureux en profite pour abandonner la capitale et tenter leur chance dans le lointain sud-ouest. C'est dans l'hôtel de son beau-père à Eugénie-les-Bains que Guérard se lance un nouveau défi: cela faisait des décennies que les gens venaient à la station dans l'espoir de perdre quelques kilos ou de se soumettre à une cure. « Ne souhaitant pas rompre avec cette tradition, j'ai commencé à travailler en cuisine avec des aliments peu caloriques. » Bannis, beurre et crème fraîche, les produits les plus légers inspirent désormais la carte. « De même qu'un bon musicien peut composer une symphonie en omettant certaines notes, un bon cuisinier doit savoir satisfaire ses clients en se passant de certains ingrédients. » Entre la cuisine des clients de la station thermale et la grande cuisine du restaurant, Guérard découvre constamment de nouveaux effets synergiques. Ainsi est née la nouvelle cuisine, dont le quatrième acte se concluait de manière satisfaisante : notre cuisinier a été le premier chef à faire la une du *Time Magazine*, son établissement ne désemplit pas et il vit depuis heureux, prospère et relativement mince.

La nouvelle cuisine a compté d'autres représentants, dont Alain Chapel ou les frères Troisgros. Guérard, Bocuse, Vergé, Chapel et Troisgros : tous avaient quelque chose en commun.

La nouvelle cuisine se fondait sur de bons ingrédients, pensés pour le repas, et non sur des additifs de laboratoire. Ce qui la caractérisait, c'était son abandon des ingrédients lourds. De fait, la plupart des « nouvelles cuisines » de l'histoire sont nées de la volonté d'épurer des pratiques surchargées aussi bien sur le plan esthétique que culinaire. D'autres styles de cuisine sont nés de l'introduction des nouveaux produits. Sans tomates, point de cuisine méditerranéenne. Mais on ne peut comparer la cuisine moléculaire avec l'introduction en Europe de la tomate et de la pomme de terre. Car même si, à l'époque, elles ne l'étaient pas encore en Europe, la tomate et la pomme de terre étaient déjà des aliments.

La cuisine moléculaire prétend le contraire. Il s'agit d'ajouter de nouveaux pseudo-ingrédients venus du laboratoire afin d'améliorer l'aspect visuel des plats. Elle n'a pas d'ailleurs la primeur de ce type de culture culinaire. On a vu coudre des oiseaux chanteurs à l'intérieur de la carcasse d'animaux sauvages pour qu'au moment du service ils s'envolent en titubant sous les applaudissements des convives. Antonin Carême avait étudié des techniques d'architecture et de gravure pour donner à ses plats un surcroît d'élégance. Il fabriquait des « vaisseaux de beurre » ondulants dont l'aspect extérieur l'emportait sûrement sur le goût et n'hésitait pas à faire appel à d'autres corps de métier comme les ébénistes et peintres pour peaufiner l'aspect visuel de ces plats. Et de même que Carême s'inspirait des artistes de son époque, les cuisiniers moléculaires créent aujourd'hui à partir des œuvres modernes. Mais le problème reste le même : ce qui compte, c'est l'esthétique du plat, l'effet immédiat, pas le goût.

L'idéologue de la nouvelle cuisine, l'écrivain Christian Millau, voit les choses sous le même angle : la cuisine moléculaire est « une plaisanterie sans avenir en laquelle son plus grand défenseur, Pierre Gagnaire, ne croit même plus » ; après tout, ce dernier ne dit-il pas : « Gardons-nous de faire d'elle [de la cuisine moléculaire] une religion » (*Le Figaro*, 12 octobre 2008). La nouvelle cuisine que Millau prônait était d'une autre trempe : « En lançant la nouvelle cuisine, nous réclamions le retour à la simplicité, à la nature ». Aujourd'hui, le paysage culinaire n'a rien à voir. « Nous sommes entrés dans "l'ère de l'ornementation, dit-il. C'est comme une histoire abrégée de l'ancienne Égypte : à l'époque de Saqqarah, tout était pur et beau. Ensuite vint la décadence. C'est ce que l'on vit aujourd'hui dans chacun des plats travestis que l'on nous sert. »

Chapitre XV

Ils veulent le meilleur de nous-mêmes : nos sous !

« Avec un vinaigre balsamique à deux euros, on prépare une crème de vinaigre balsamique bien meilleure que si l'on avait utilisé un vinaigre balsamique de vingt ans d'âge. »

Le cuisinier moléculaire allemand
Dietmar Hölscher dans la *Frankfurter Allgemeine Zeitung* du 19 mars 2007

Le premier établissement trois étoiles à faire faillite fut le restaurant de Pierre Gagnaire à Saint-Étienne en 1996. Avant cette banqueroute, les établissements affichant la fameuse distinction semblaient à l'abri des difficultés financières. Saint-Étienne n'était pas Paris, certes. Mais le restaurant respirait le luxe et une salle tout entière accueillait les manteaux des clients. Il ne disposait pas non plus d'un hôtel, c'est vrai. Mais après tout, la France n'avait-elle pas connu bien des exemples de cuisiniers qui avaient fait fortune dans les endroits les plus reculés du territoire ?

Gagnaire eut beau réussir plus tard son retour à Paris, cette faillite n'en constitua pas moins pour l'ensemble des cuisiniers un sérieux coup de semonce : les distinctions n'étaient plus forcément synonymes de succès et les éloges des guides et des articles de presse n'équivalaient nullement à une assurance-vie.

Marc Veyrat, à Annecy, frôle la faillite à la fin des années 1990. Selon *L'Express* du 22 octobre 1998, Alain Ducasse aurait commenté la situation en ces mots : « Marc Veyrat a déclaré qu'il avait investi cinquante millions pour assortir le décor de son hôtel à son chapeau. Moi, je dis qu'il aurait mieux fait de changer de chapeau. Qu'il le prenne, son chapeau, qu'il parte dans la montagne et qu'on n'entende plus parler de lui. » Toujours est-il que les méchants banquiers se sont arrangés à l'amiable avec le chef – plus à l'amiable qu'avec de nombreuses PME.

À Vézelay, en Bourgogne, Marc Meneau, un trois-étoiles, accumule les dettes et au début 2007 son établissement est placé en redressement judiciaire.

Alain Senderens, dont le restaurant parisien Lucas Carton doit son salut au partenariat des champagnes Vranken, a rendu ses étoiles et commence à se renflouer grâce à un concept autour de produits plus modestes.

C'est que la bonne cuisine coûte cher. Autrefois, une grande partie du budget était consacrée à l'achat d'ingrédients de premier choix. Mais le personnel aussi coûte de l'argent. Beaucoup de cuisines haut de gamme embauchent de jeunes talents désireux d'inclure dans leur CV les noms de patrons prestigieux. Le client, de son côté, a l'œil que sur le personnel de salle. Quant à la différence entre un poulet de Bresse et un poulet fermier, seule une petite élite de gourmets est capable de faire une telle distinction. Il peut donc, en temps de difficultés économiques, être plus lucratif d'économiser à l'achat ou à la taille des portions que d'économiser au niveau du personnel de salle et de la décoration.

Les cuisiniers ont toujours su que peu de plats sont susceptibles de générer autant de bénéfices que le soufflé : un peu de beurre pour le moule, des œufs, du sucre. Pour un soufflé à la vanille dans les restaurants chics de Paris il faut compter aujourd'hui vingt euros, ce qui représente une marge que jamais le turbot, les truffes ou le caviar ne pourront garantir.

Le rêve de plusieurs générations de cuisiniers a sans doute été d'inventer des plats qui soient aussi rentables que le soufflé. Un rêve que les cuisiniers moléculaires ne font plus, puisque l'industrie leur fournit tous les ingrédients franco de port: la chimie est économique et, en fonction des substances utilisées, elle réduit fortement le *food cost*. La mode des mousses, des gels et de la sphérification n'est donc chère qu'en apparence.

Pour acquérir des Texturas Adrià, le cuisinier amateur devra tout de même débourser plus de quatre-vingt-cinq euros pour un kilo d'Agar, plus de cent soixante-dix euros pour un kilo de Gellan, plus de cent dix euros pour un kilo de Metil.

L'appât du gain, on s'en doute, n'est pas le seul responsable de ces tarifs. Si ces ingrédients sont chers, c'est aussi pour donner aux cuisiniers professionnels et amateurs l'impression qu'ils sont de qualité.

Si on compare ces prix avec ceux qu'affiche la boutique américaine Le Sanctuaire de San Francisco sur son site Internet www.cookingbuddies.com, nul doute que ces derniers sont une aubaine: on peut y acquérir l'agar-agar pour 43,63 dollars, la méthylcellulose (Metil) pour 35,20 dollars, le Kelcogel, un équivalent du Gellan, pour 90,20 dollars. Sur l'emballage, bien sûr, ne figure le nom d'aucun grand cuisinier. Pour trouver encore moins cher, il suffit de s'adresser directement à l'usine. En Europe, on peut acheter sans problème un kilo de méthylcellulose à dix ou douze euros, tandis qu'en Asie, les producteurs le vendent à partir d'un dollar le kilo.

L'industrie alimentaire n'utilise pas les additifs pour augmenter le prix de notre nourriture.

La cuisine moléculaire de surcroît profite de l'effet éponge de ces substances. Dans une recette du catalogue Texturas, on voit que trois grammes de méthylcellulose gonflent au contact de cent grammes d'eau. On incorpore ensuite vingt grammes de cette préparation dans soixante-cinq grammes de haricots. Pour le cuisinier, le coût de cette élaboration, qui représente tout de même un quart du plat, est dérisoire.

En appliquant savamment ces méthodes, pour bien moins de cinq euros les cuisiniers moléculaires peuvent dresser un menu de vingt plats que le client, ébloui par ce festival de dérivés d'algues et de gélatine, paiera volontiers deux cents euros. Un succédané alimentaire à bas prix, gonflé visuellement.

Sur Internet, on trouve des tas de recettes expliquant la manière de préparer des spaghettis ou macaronis gélifiés avec un peu de bouillon de viande ou de fumet de poisson et une pincée de gélifiant industriel.

Et la créativité, me direz-vous ? Ne vaut-elle pas, elle, de l'argent ? Comme l'exemple d'INICON le démontre, la créativité, c'est dans les laboratoires financés ou cofinancés par des organismes publics qu'il faut aller la chercher. Au-delà d'INICON, le cuisinier britannique Heston Blumenthal travaille lui aussi avec plusieurs équipes de chercheurs, parmi lesquels des professeurs universitaires de Nottingham et de Reading, eux aussi payés par le contribuable.

Les chefs gagnent de l'argent et du temps grâce aux méthodes moléculaires. C'est pourquoi de plus en plus de restaurants dits « traditionnels » se laissent inspirer par l'avant-garde et baissent le *food cost* avec gélifiants industriels et arômes artificiels. C'est pourquoi l'additif en cuisine doit passer, quitte à mentir aux clients, quitte à idolâtrer certains cuisiniers pour les médias, les nommer « inventeurs » et « génies ». Le client ne veut pas avaler de l'additif ? On lui dit que c'est sain, beau, merveilleux, que les meilleurs chefs de la planète en utilisent. Certains journalistes critiquent le surdosage d'additif au restaurant ? On les discrédite, ils sont trop jeunes, trop vieux et de toute façon ne comprennent rien. Les chefs par contre, eux, ils sont accompagnés de chimistes. Et c'est justement là, le problème. On n'entend rarement dire que des chefs travaillent étroitement avec des médecins, or leurs plats sont pour un usage interne. Leur source d'information, ce sont les gens qui leur vendent les additifs, comme Anne Cazor, docteur *(sic)* en cuisine moléculaire. En dix-neuf ans de chronique gastronomique, je n'ai jamais vu des chefs défendre avec une telle agressivité un sujet. Menaces, essais d'intimidations physiques, blogs haineux contre les critiques du moléculaire, tout y passe. Un exemple ? En mars 2009, la chaîne allemande WDR parlait brièvement de la cuisine moléculaire. Le ton était modérément critique, un cameraman était tombé malade après avoir mangé de la bouillie gélifiée. Une semaine plus tard, un chef (et distributeur d'additifs) fait savoir qu'il préparait une plainte contre les auteurs de l'émission. Le lien entre la maladie du cameraman et la nourriture moléculaire n'a pas été constaté par un médecin assermenté.

Il y a l'exemple que l'on a vu du présentateur italien de l'émission *Striscia la notizia,* Max Laudadio, qui se fait injurier par Juli Soler, associé de Ferran Adrià pendant une présentation du dernier livre de El Bulli. Et l'exemple déjà cité du jeune chef Rocco Iannone, menacé de mort…

Que signifie ce comportement ? « Les méthodes moléculaires, vous les aimez ou vous quittez les restaurants ? » « Si vous ne dites pas du bien du moléculaire, on vous traîne devant les tribunaux, si on ne peut pas vous traîner devant les tribunaux, on trouve quelqu'un qui vous casse la gueule » C'est donc cela, le comportement des génies de cuisine autoproclamés, des « philosophes des fourneaux » ?

Avant, par exemple à l'époque de la cuisine *crossover*, quand le client n'aimait pas l'excès de citronnelle dans les plats, il pouvait juste choisir autre chose. Plusieurs fois au cours des cinquante dernières années, des chefs avaient assigné des journalistes, en règle générale pour des insultes écrites plus ou moins personnelles qui dépassaient les bornes d'une simple critique.

En plaidant avec véhémence, voire avec violence pour les additifs au restaurant, ces cuisiniers revendiquent le droit de mentir au client. Car l'additif n'est pas indiqué sur leur carte, même dans les pays ou une telle indication est obligatoire.

Mais, encore une fois, l'additif en cuisine doit passer, car avec l'additif, tout le monde se trouve gagnant, sauf le client. Un soufflé, c'est juste un plat. La cuisine aux additifs, c'est la quasi-garantie de gain maximum avec en plus, des clients et critiques qui pensent que les chefs qui les utilisent sont des génies.

Les premiers ouvrages de This et de McGee abordaient la question des températures exactes de cuisson. Or les nouveaux fourneaux coûtent cher. Une utilisation massive de produits chimiques garantit des revenus immédiats.

C'est bien cette volonté à tout crin d'augmenter les bénéfices qui a conduit les produits chimiques à déloger progressivement les ingrédients naturels dans les cuisines moléculaires.

Le chimiste Hervé This sait de quoi il parle :

> Les cuisiniers sont formés pour utiliser des épices et des herbes dans leurs cuisines ; dans les laboratoires, les chimistes emploient tous les jours des fragrances comme l'hexanal, le trans-hexanal, le 1-hexanol, le 1-Octen-3-ol ou le trans-2-méthylbutanoate de benzyle. Peut-on envisager d'utiliser ces produits chimiques en cuisine ? Rien de plus simple. Si on ne peut se permettre l'achat d'une excellente huile d'olive, il suffit de verser de l'hexanal dans une huile bon marché ! Manque-t-on de champignons sauvages ? Quelques gouttes de 1-Octen-3-ol ou de trans-2-méthylbutanoate de benzyle dans l'assiette, et le plat dégagera une merveilleuse odeur de champignons ou de fruits des bois. Pour une pâte au goût de violettes, rien de tel que la béta-ionone. De même, quelques gouttes de solution de vanille transforment un whisky médiocre en un breuvage de premier choix : l'idée est d'écourter la longue maturation en barriques durant laquelle l'éthanol réagit au contact de la lignine du bois en formant quelques aldéhydes sinapiques (4-hydroxy-3,5-diméthoxycinaldéhyde), de l'acide vanillique (4-hydroxy-3,5-méthoxybenzaldéhyde) et de l'acide syringique (4-hydroxy-3,5-diméthoxybenzaldéhyde). Nombreux sont les produits chimiques susceptibles de modifier la saveur des plats ou d'en altérer la texture. (Publié dans *Angewandte Chemie International* 41, 1 [2002].)

Dans la théorie de la gastronomie moléculaire, c'est un regard intéressant et amusant. Servie au restaurant, la cuisine moléculaire d'Hervé This serait qualifiée de *fake food*. À quoi bon produire une excellente huile d'olive ou un bon whisky si on peut berner le client avec des ingrédients chimiques ? Champignons sauvages ? C'était bon pour les cuisiniers d'autrefois ! Aujourd'hui, servir du trans-2-méthylbutanoate de benzyle coûte moins cher et produit un résultat pour lequel le client va débourser entre cent cinquante et trois cents euros, auxquels il faut ajouter les gains générés par la commercialisation de la gamme de produits du grand cuisinier. Si une multinationale de fast-food se permettait de telles méthodes, elle aurait à dos toutes les associations de consommateurs. Les cuisiniers qui prenaient autrefois ces libertés étaient traités d'arnaqueurs. Aujourd'hui, on les vénère comme des héros, on en fait des « philosophes » et des « chercheurs ».

Mais tous les scientifiques ne partagent pas l'avis de This : « L'ajout de certains composés n'aboutira jamais à la qualité sensorielle d'un produit de grande qualité », déclare par exemple Andreas Dunkel de la Technische Universität de Munich, à propos du remplacement des champignons sylvestres par des produits chimiques. Au cours de ses projets de recherche, il a minutieusement analysé avec ses collègues les arômes des morilles séchées ou du bouillon de bœuf, entre autres choses. L'état actuel de la technique ne saurait permettre une « simulation » de ces arômes sans entraîner une perte de qualité.

« L'industrie sera notre mère », prophétisait le cuisinier espagnol Andoni Adúriz en juin 2008. Au nom de qui parlait-il ? De nous, les clients, ou des cuisiniers moléculaires ? La « bonne mère » cuisine transmet des connaissances et laisse à ses rejetons un généreux argent de poche.

Les cuisiniers qui valorisent les produits industriels peuvent compter, en tant que conseillers, sur de substantiels revenus. En juillet 2008, le *New York Post* annonçait la sortie du nouveau livre de cuisine de Ferran Adrià, *Une Journée à elBulli*, en mentionnant tout spécialement la recette des chips Lay's utilisées telles quelles et qui simulent des carottes dans un parterre. La marque Lay's appartient à Pepsico.

Au cours d'une campagne publicitaire lancée sous le slogan « Do us a flavor » (« Faites-nous un goût »), le Britannique Heston Blumenthal a fait partie d'un jury qui devait décider d'un nouvel arôme des chips Walker. Walker aussi appartient à PepsiCo.

Si l'on en croit un article publié dans le quotidien britannique *The Independent* le 18 juin 2008, Blumenthal a travaillé autrefois avec Firmenich. Cette multinationale de Genève produit dix mille fragrances et arômes. Son portefeuille de clients inclut aussi la firme Walker.

En 2006, Ferran Adrià a prêté son concours à Nestlé pour relancer le très traditionnel chocolat Cailler. Le journal suisse *La Gruyère* avait annoncé l'arrivée en septembre 2006 des « chocolats de Ferran ». Déjà, les consommateurs n'avaient guère apprécié de nouveaux emballages conçus par l'architecte Jean Nouvel. Mais le fiasco ne s'est pas arrêté là, puisque le chocolat moléculaire n'a jamais vu le jour. On murmure en coulisse que les prototypes de ces chocolats moléculaires n'avaient pas reçu le feu vert de la direction, car ils contenaient « trop d'additifs ». Pour le coup, Cailler s'est rabattu sur ses bonnes valeurs traditionnelles, plus fiables. Une multinationale comme Nestlé n'accorde pas d'interviews sur un sujet comme celui-ci, mais nous avons pu recueillir les propos d'un haut collaborateur du groupe, proche des produits Cailler :

> Si ces chocolats ne sont pas sortis sur le marché, c'est parce que les prototypes n'atteignaient pas le niveau de qualité que l'entreprise impose à ses produits.
>
> Trop de consommateurs, de journalistes, d'organisations pensent que les grandes entreprises de l'industrie alimentaire « jouent » avec la nourriture. Nous nous efforçons constamment d'utiliser le moins d'additifs possible. Il faut savoir qu'entre l'industrie alimentaire et les restaurants, il y a d'énormes différences. D'un côté, le consommateur s'attend à ce qu'un « article de marque » ait toujours le même goût, quelle que soit la période d'achat. Or le goût de produits naturels comme le lait, le chocolat ou les céréales varie beaucoup au gré des fournisseurs et des saisons. L'industrie est donc obligée d'opérer souvent des réajustements. D'un autre côté, le commerce et les consommateurs exigent que nos produits affichent des dates de péremption tardives. On y parvient parfois en employant la plus petite quantité possible d'additifs. Quand on produit de grandes quantités, il est possible d'ajuster les dosages au centième de gramme près. Mais au restaurant, c'est différent : le chef peut ou plutôt doit s'adapter aux saisons et aux producteurs. On n'exige jamais d'un plat qu'il ait exactement le même goût d'une occasion à l'autre. La gastronomie de haut niveau n'a que faire non plus d'une date de péremption tardive. Et, enfin, n'oublions pas

> que les attentes du client à l'égard d'un produit à 2 euros 50 et d'un menu à 200 euros n'ont rien à voir. Beaucoup de consommateurs ont un budget très serré pour l'alimentation. Si vous achetez des aliments produits industriellement, vous verrez que souvent une augmentation entre cinquante centimes et un euro sur le prix correspond à une véritable amélioration de la qualité.
>
> Pour ma part, j'éprouve vis-à-vis de la cuisine moléculaire des sentiments qui oscillent entre la stupéfaction et l'inquiétude: si l'industrie se mettait à appliquer certaines de leurs recettes, les associations de consommateurs nous tomberaient dessus, et non sans raison. La manipulation acritique, ludique, de ces substances est préoccupante, car leur usage devrait en règle générale être confié aux spécialistes.

Nous avons montré à ce collaborateur de Nestlé un pot de Texturas avec son dépliant correspondant. La réponse ne s'est pas fait attendre. « Imaginez qu'une multinationale alimentaire, quelle qu'elle soit, ait lancé sur le marché un produit de ce type accompagné du slogan « Amusons-nous avec la chimie alimentaire ». L'opinion publique aurait crié au scandale. Sans parler des conséquences pour l'image de l'entreprise. Et si un client forçait la dose… je n'ose même pas y penser. »

Quelques mois après notre interview, l'entreprise Nestlé proposait des cours de cuisine moléculaire en Allemagne…

La liste est longue des sociétés qui comptent le fameux cuisinier au nombre de leurs partenaires: les hôtels NH, la vinaigrette Borges, United Biscuits, etc. Mais toutes ces entreprises savent s'y prendre avec les produits chimiques. Ce qu'elles veulent, c'est tirer profit de l'image du chef créatif. Car leur recours aux additifs ne sera jamais considéré comme créatif, gai et ludique…

Le business moléculaire, aujourd'hui à son apogée, alimente aussi toute une horde de profiteurs. Le petit commerce Sens Gourmet à Rungis, dans la banlieue parisienne, a facturé en 2007 pour 1,6 million d'euros de chimie alimentaire et autres « ingrédients innovateurs » destinés aux cuisiniers. Une augmentation de l'ordre de 60 %, au moins, par rapport au chiffre d'affaires de l'année

2006. Tous ces additifs doivent aller quelque part – en France les restaurants purement moléculaires sont rares.

On ne compte plus les consultants culinaires qui organisent des événements moléculaires où flotte parmi l'assistance venue des quatre coins du monde un brouillard d'azote liquide.

Anne Cazor, « docteur en gastronomie moléculaire », offre aussi bien des séminaires que des lots de potions chimiques en pots d'un kilo. Bonnes, sans doute, puisque c'est un docteur qui les prescrit. Des chefs de cuisine qui, jusqu'à présent, travaillaient dans les cuisines collectives des centres gériatriques se sont enrôlés dans des tournées internationales en se proclamant prophètes de la cuisine moléculaire.

Vénérée avec ferveur et subventionnée par l'argent des impôts, la cuisine moléculaire produit des effets qui dépassent, et de loin, le seuil de notre porte-monnaie et celui des restaurants. La nouvelle génération de cuisiniers considère que ces produits sont « nobles », alors qu'ils n'ont rien à voir avec la cuisine avant-gardiste.

À tous les coins de rue surgissent des imitateurs qui en font à leur guise arguant que : « Adrià et Blumenthal se servent de produits chimiques ? Eh bien, allons-y, nous aussi ! » Tout compte fait, se procurer une balance de précision et mélanger des poudres est plus facile qu'apprendre à cuisiner.

Il est curieux, tout de même, que parallèlement les producteurs industriels tâchent par tous les moyens de réduire dans leurs produits les doses de ces fameux ingrédients.

Chapitre XVI

« Garçon, la même chose ! »

« Vive la connaissance. »
Salut d'Hervé This,
dans un courrier
électronique massif,
le 1er janvier 2007

Les cuisiniers moléculaires ont adopté les méthodes de l'industrie alimentaire en élevant à des niveaux grotesques les dosages de produits chimiques. En se focalisant sur la présentation des plats, le spectacle l'emporte sur d'autres aspects de la nourriture. Et c'est cette même nourriture qui désormais revient vers l'industrie alimentaire : une manière de refermer le cercle.

Résultat ? Davantage de chimie dans les aliments. Évidemment les projets de développement menés pour INICON, Adrià ou Blumenthal au TTZ de Bremerhaven n'ont été qu'un début. Il s'agit maintenant de renflouer les caisses : en juillet 2008, le TTZ et le cuisinier moléculaire allemand Heiko Antoniewicz ont révélé à leurs partenaires industriels les conclusions de leurs recherches.

Selon la *Lebensmittel-Zeitung* (« Journal de l'alimentation ») du 18 juillet 2008, parmi l'assistance se trouvaient aussi des représentants de Kraft Foods ainsi que de Dr Oetker, autrement dit de grands noms de l'industrie agroalimentaire. On leur a servi des pâtes d'huile de pépins de courge injectée à la seringue et une soupe de petits pois présentée comme un « bonbon » encapsulé. Auparavant, une gamme de poisson surgelé « à la moléculaire » avait déjà vu le jour. Le fabricant a jugé bon de ne pas exagérer le dosage d'additifs qui est dans la moyenne des produits industriels.

Dans son communiqué de presse, le TTZ rapporte ainsi l'événement :

> À chaque visite au supermarché, la diversité des produits semble augmenter. Il faut parcourir plusieurs mètres de rayon pour examiner toutes les variantes d'un même produit. Et pourtant, en général, la variété des goûts semble bien moindre que la diversité des emballages.

Au TTZ de Bremerhaven, on est convaincu qu'un transfert de connaissances pratiques de la gastronomie moléculaire vers l'industrie alimentaire peut renverser cette tendance. Des effets de surprise bien calculés, de nouvelles manières de présenter les aliments suscitent la curiosité et s'inscrivent dans la mémoire du consommateur. On provoque chez lui un intérêt pour des aliments contraires à ses habitudes de consommation. Consciencieusement, on expérimente, on examine, on compare…

L'augmentation du temps de travail, la modification des comportements pendant les heures de loisir ont assuré le triomphe des plats cuisinés. La revalorisation de la profession, l'accoutumance rapide et le manque progressif de fidélité aux marques de la part du consommateur sont autant de facteurs qui ont obligé les producteurs à innover sans cesse. Or le lancement de nouveaux produits coûte cher et se solde souvent par un échec. Aussi les équipes de création rechignent-elles à mettre sur pied de véritables innovations, à moins qu'elles n'aient pas, tout simplement, les moyens ou les connaissances pour y parvenir. Les efforts des experts dans d'autres domaines peuvent donc ouvrir de nouvelles voies et favoriser le dynamisme de l'innovation.

En conclusion, le TTZ recommande une fois encore ses recherches financées par des fonds européens et sponsorisées par l'industrie :

> Fort des expériences menées durant plusieurs années dans le domaine de la gastronomie moléculaire et de la recherche sur le goût, le TTZ de Bremerhaven constitue une plate-forme objective

favorisant le transfert des techniques entre tous les intervenants dans le développement des produits: grands cuisiniers, techniciens d'élaboration, technologues de l'alimentation et experts en marketing...

« Au cours de nos rapports avec les entreprises, nous avons remarqué un intérêt croissant vis-à-vis de la gastronomie moléculaire, ainsi qu'un changement de mentalité à cet égard. Bien qu'elle soit encore aujourd'hui perçue comme marginale, les progrès des chercheurs la rendent de plus en plus appréhensible », affirme Martin Schüring, technologue de l'alimentation et organisateur du premier atelier de ce type.

La demande d'innovation est importante dans la dynamique de l'industrie alimentaire. Par exemple, les entreprises de *catering* changent leurs menus dans les avions tous les deux ou trois mois. La gastronomie moléculaire offre des possibilités intéressantes, applicables à l'échelle industrielle, en concluent les participants.

Or la clé d'un nouveau marché de masse, ce n'est pas l'étiquette « moléculaire » qui la donne, même si cette tendance a tiré de certains vides commerciaux de substantiels bénéfices. À une époque où les salons les plus importants du commerce alimentaire ne présentent que rarement d'authentiques innovations, les bénéfices que peut rapporter un « pionnier du goût » en matière d'image supposent un avantage publicitaire décisif.

La *Lebensmittel-Zeitung* a pris également bonne note de commentaires de ce type: « La gastronomie moléculaire est désormais bien ancrée dans l'avant-gardisme. Elle constitue une source d'innovation pour les articles commerciaux situés à un niveau de prix inférieur en leur conférant des attributs aussi convoités que l'actualité, l'image, le prestige ou le style ».

En d'autres termes, il ne s'agit pas simplement de chimie alimentaire. C'est une chimie noble. Une chimie dont on ne se lasse pas. Qui accompagne partout, dans les fêtes, les événements, le train, l'avion, un client qui ignore ce que contient sa nourriture.

En Grande-Bretagne, il existe d'ores et déjà une « sauce à pulvériser » appelée Airspuma. Cette « *espuma* en aérosol à usage domestique et professionnel » aromatisée à la vanille, à la framboise, aux champignons, à la truffe noire ou à la mangue grenadine, a obtenu le prix à l'innovation au cours du salon de l'alimentation SIAL de Paris. La presse a salué l'arrivée de ce produit comme une « conquête de la cuisine moléculaire ».

En Espagne, l'évolution est allée plus loin. La société Just Gourmet Food S.L. de Robí (à côté de Barcelone) met sur les tables des foyers les conquêtes de la cuisine moléculaire, en distribuant le fameux « faux caviar », obtenu grâce à la sphérification dont nous avons parlé plus haut, aromatisé cette fois aux citrons jaune et vert, à la fraise, à la pomme ou au gingembre.

Voici ce qu'en dit le fabricant lui-même : « Pour la toute première fois, le caviar sphérique est disponible en tant que produit fini, conservé dans un joli pot en verre ».

Excusez le pléonasme. Le caviar sphérique, également connu sous le nom de Spherical Caviar®, constitue la touche idéale pour la décoration de toutes vos entrées, plats principaux, cocktails, desserts, coquillages, canapés, glaces, sushi et maki, carpaccios, salades, etc.

Trompe-l'œil. Le Spherical Caviar® est un trompe-l'œil, un produit inspiré des œufs de poisson, conçu ici pour surprendre aussi bien la vue que le palais.

Techno-émotion. À partir des nouvelles tendances techno-émotionnelles de la haute cuisine et de la technique connue sous le nom de sphérification, rendue célèbre par les cuisiniers les plus prestigieux de notre pays, nous obtenons un effet « explosion en bouche » grâce à ces petites perles au noyau liquide. Nous avons le plaisir de vous présenter ce nouveau complément, dont nous espérons qu'il deviendra l'accompagnement indispensable de tous les plats, cocktails ou desserts produits par les restaurants, les bars à cocktails, les entreprises de *catering* ou… chez soi, lors d'un dîner spécial.

Les restaurants, les bars à cocktails et les entreprises de *catering* vont-ils informer leur clientèle de l'emploi du faux caviar vendu sous le nom d'Arënkha ? Ou vont-ils procéder comme ce chef suisse, deux étoiles Michelin, qui me promettait au printemps 2009 du « caviar de hareng sauvage ». J'ai objecté que le hareng ne fait pas des œufs noirs façon sévruga ou osciètre, mais, de toute évidence, le chef ne me croyait pas. Après tout, l'Arënkha n'est-il pas certifié MSC (*Marine Stewardship Council*) au Royaume-Uni, et le *Daily Telegraph* ne l'avait-il pas recommandé pour Noël le 12 décembre 2008 en disant qu'il a « l'air et le goût du caviar [...] pour £4,55 les cinquante-cinq grammes au lieu de £145 les cinquante grammes que coûte le vrai caviar St James » ? Et *The Independent* du 31 janvier 2009 ne fait-il pas l'article de l'Arënkha en prétendant que ce sont de « délicieux œufs de hareng fumés » qui constituent une « vraiment bonne et viable alternative éthique au caviar » ? Et le site Internet *lemiam.fr* (M.I.A.M. pour « Même les Intellectuels Aiment Manger ») ne le décrit-il pas comme « une révolution en marche qui ne manquera certainement pas de condimenter pour des années encore la soupe de nos cerveaux les plus brillants » ? Alors le chef suisse est allé chercher sa boîte d'œufs et a lu, en plein milieu de salle : « Ingrédients : eau, hareng, encre, xanthane », avant de râler contre son fournisseur : en effet, l'Arënkha est composé de faux œufs de poisson façon moléculaire, servis dans les plus grands restaurants d'Europe. Car le chef moléculaire veut proposer du caviar. Il ne veut juste pas payer le prix du bon.

Thierry Marx, chef français de Pauillac, nous annonce la commercialisation d'un autre produit dit « moléculaire » : le « whif », une sorte de poudre de chocolat qu'on inhale. Lors de la présentation, on précisait que le whif est né d'une collaboration entre monsieur Marx et monsieur Bibette, Jérome, « spécialiste des colloïdes ». Évidemment, les chefs sont devenus des génies... de la finance. Une sphérification, ça ne coûte presque rien quand on sait choisir son fournisseur de chimie alimentaire. Une crevette à la barbe à papa non plus, le caviar de fraises, c'est quasi-gratuit. Le produit, ce n'est plus bon, car le produit, ça coûte cher. Pourquoi donc investir dans un turbot de sept kilos, un beau foie gras, une pièce de veau en persillade de truffes, quand on peut nous faire avaler des colloïdes ? Les maestros des fourneaux refusent de nous nourrir, ils veulent choquer, épater, bluffer. Bienvenue dans le monde de la « techno-émotion », de l'avant-garde culinaire autoproclamée.

Au restaurant, les choses ne vont pas mieux

« Libérez l'assiette, les Saint-Jacques du jour », lisait-on le 23 juillet 2008 dans le *New York Post*. « Les snacks sont la nouvelle inspiration des cuisiniers », annonçait la rédactrice Carla Spartos, tout en vantant les exhausteurs de goût tels que le glutamate monosodique, l'inosinate disodique ou le guanylate disodique, « qui stimulent nos papilles gustatives ». Eben Klemm, responsable des boissons des restaurants B. R. Guest s'exclamait avec enthousiasme : « La gastronomie moléculaire, voilà de bons cuisiniers qui ont inventé bien des choses que l'on connaît depuis des années à Frito-Lay ». Quant au cuisinier moléculaire nord-américain Wylie Dufresne, il avoue avoir eu l'intention de produire pour les chips un nouvel « arôme ranch ».

Cependant, Carla Spartos n'a pas glané que des louanges : « Pour ma part, je ne servirai pas de glutamate monosodique et je ne visiterai que les restaurants qui ne l'emploient pas », avertit Marco Moreira, chef de cuisine du Tocqueville. Adam Shepard, copropriétaire du restaurant italien Luneta, confie à la rédactrice : « J'ai l'impression que toute cette affaire de fast-food a saccagé lentement le lien entre les États-Unis et l'alimentation. Aujourd'hui, c'est un désastre total. Je ne le [fast-food] glorifierais jamais en lui rendant un hommage culinaire ».

Le dernier mot revient cependant à Wylie Dufresne, l'enthousiaste de « l'arôme ranch » de la purée de pommes de terre. « Ça aurait pu être bon, et nous n'avons rien fait de mal ou d'erroné, d'ailleurs, ni servi rien de moins sain que la purée de pommes de terre ». Dufresne est fier de sa chimie. Il ne s'en cachait déjà pas en 2005, face au rédacteur d'*Esquire*, Tom Junod :

– Tout ce qu'il y a dans un sachet de Doritos, nous l'avons ici.

– Je dois être le seul chef de New York à compter Dow Chemical au nombre de ses fournisseurs.

– FMC BioPolymer est un très bon fabricant de carraghénanes.

– Si vous versez des carraghénanes dans une tasse de café, vous allez fabriquer immédiatement de la crème dessert. J'ai pensé appliquer cette idée en salle.

– Je suis certainement le seul chef de Manhattan à pouvoir vous dire comment agit la méthylcellulose.

– La technologie des céréales m'intéresse vraiment.

– Je travaille actuellement sur le développement d'un goût pour la crème à raser.

– Plus on y pense et plus on s'aperçoit qu'en théorie n'importe quel arôme peut se trouver sous forme de poudre.

– Un des thèmes sur lesquels nous nous sommes penchés est celui du sucre non sucré. Il conserve les propriétés fonctionnelles du sucre, mais sans pouvoir édulcorant, ce qui permettrait de développer des choses comme la glace aux pommes de terre grillées, par exemple.

« Bon, vous avez faim ? » demandait ensuite Junod.

N'oublions pas le chef américain Homaru Cantu, qui veut « lutter contre la faim dans le monde ». Un des instruments de sa lutte acharnée sera un papier comestible sur lequel on peut imprimer motifs, lettres ou visages. Cette technique évoquera sans doute chez les amateurs de science-fiction le dysfonctionnement du réplicateur d'aliments de la série *Star Trek*. Pour ma part, j'avoue que l'idée de ce papier comestible sorti des distributeurs automatiques m'épouvante assez. Je pense encore à Soylent Green.

ÉPILOGUE

L’aile ou la cuisse ?

L’expression usuelle « manger des yeux » s’emploie bien à propos à une époque comme la nôtre où le « jeu des textures » semble l’emporter sur le goût. Mais la texture n’est pas l’essentiel au restaurant. C’est le plaisir qui compte. Et le seul fait que les cuisiniers s’occupent davantage des textures que des arômes en dit long sur la situation actuelle de la profession.

Depuis des décennies, deux impératifs orientent le travail des meilleurs cuisiniers : la bonne cuisine se fait avec de bons ingrédients ; les bons ingrédients conservent leur propre goût. Doit-on considérer la transglutaminase, la maltodextrine, la méthylcellulose et autres esters de sucre comme de bons ingrédients ? Tout est-il désormais permis au nom de la *food-photo* la plus éblouissante ? Faut-il que l’avant-gardisme culinaire s’en tienne à ces gelées molles et insipides ? Doit-on considérer, à l’instar de la Documenta 2007, les nouveaux mélanges de produits chimiques comme une expression artistique ? Si tel est le cas, qu’en est-il des titulaires des brevets, des chercheurs ? Deviennent-ils des « superartistes » ? Et qui nous dit, à nous les clients, la quantité de chimie alimentaire que contient un menu de vingt-cinq à quarante plats ? Qui nous informe de la composition réelle de ce menu ? Peut-on encore choisir ce que nous mangeons ? À en croire les cuisiniers moléculaires, non.

Peut-être vous souvenez-vous de *L’Aile ou la cuisse*, une comédie de 1976, et de la lutte acharnée entre Louis de Funès, alias Charles

Duchemin, le champion des critiques gastronomiques, et Tricatel, le grand fabricant de nourriture industrielle. Ce dernier n'a qu'une obsession, celle d'imposer ses produits chimiques aux restaurants de qualité, ne serait-ce que pour démontrer à Duchemin qu'on peut faire avaler aux gens absolument n'importe quoi. Dans une des scènes du film, on voit des arêtes de poisson défiler sur un tapis roulant. Le « poisson » est tout simplement injecté autour des arêtes, puis verni.

Jusqu'à présent, on s'amusait de ce genre de choses. Mais aujourd'hui Tricatel, sous d'autres noms, amasse des fortunes. Dans la cuisine professionnelle, on fait marcher « notre petite entreprise chimique à nous », sous-entendu : « Les additifs industriels ont enfin leur place dans les cuisines ». Qu'est-ce qui compte ? Les stridences, les mousses, le jeu des textures…

L'industrie ne manque pas de raisons pour justifier ces « ingrédients culinaires » : les distances que parcourent les produits sont longues, les commerçants exigent des dates de péremption tardives et les consommateurs veulent que les prix soient les plus bas possibles. Des problèmes qui ne sont pas le lot des cuisiniers, en tout cas, des meilleurs d'entre eux.

Pour eux, les routes sont courtes, la préparation se fait à la minute, les clients ont de quoi payer.

La bonne cuisine se fait avec de bons ingrédients. Les bons ingrédients conservent leur propre goût. Il ne s'agit pas des phrases vides, il s'agit de la définition de la bonne cuisine. La fameuse cuisine moléculaire (on devrait l'appeler « la cuisine aux additifs ») ignore ces maximes et interdit à ses clients l'accès aux dernières oasis de la gastronomie.

Quand on se rend dans un restaurant haut de gamme, on veut goûter aux meilleurs ingrédients, préparés de manière artisanale, qui n'exclut pas d'ailleurs une certaine fantaisie : des soles bien fraîches du littoral, un agneau goûteux de pré-salé, du chocolat pur cacao qui fond tout doucement. On recherche le plaisir, sans avoir à se soucier du contenu en matière grasse, en glutamate, en laxatifs ou en nanoparticules de nos aliments. Nous faudra-t-il un jour comparer l'avis des experts européens avec celui de la Food and

Drug Administration nord-américaine avant de nous rendre au restaurant ? Ou solliciter auprès du cuisinier la liste préalable d'additifs par courrier électronique ? Consulter son médecin de famille avant chaque repas au restaurant ? Remettre au maître d'hôtel une note indiquant : « S'il vous plaît, pas d'E 461, ni d'E 621, ni d'E 951, ni d'E 950 ? » Au lieu de l'habituelle recommandation « des Saint-Jacques graaaandes comme ça », le chef nous conseillera-t-il : « Des carraghénanes magnifiiiiques, rapportés directement des Philippines » ? Faudra-t-il transférer au restaurant le débat sur la chimie alimentaire où s'opposent l'opinion majoritaire et le point de vue d'une minorité académique ? Devra-t-on, à l'instar de Louis de Funès dans *L'Aile ou la cuisse*, prélever des échantillons de nourriture pour les analyser ensuite au laboratoire ?

Chers maîtres des fourneaux : vous n'ignorez rien du poids idéal d'un agneau à rôtir ou des signes de fraîcheur d'un turbot. À quoi bon discuter d'acésulfame et de polyols avec des pharmacologues et des chimistes ?

Chers chimistes alimentaires : vous êtes les héros authentiques de la cuisine moléculaire. Les défenseurs de cette tendance devraient vous adorer, vous décerner des étoiles.

Chers stratèges anonymes des relations publiques : vous avez répandu les additifs de vos clients dans la haute cuisine du monde entier par le biais des grands chefs. Vous êtes des mercenaires, oui, mais des mercenaires géniaux.

Chers cuisiniers friands d'additifs : pour moi, vous n'êtes plus des cuisiniers. Vous avez fait de vos restaurants des vitrines de l'industrie chimique. Il va sans dire que vous n'êtes ni des chimistes ni des médecins. Vous n'êtes que des Tricatel. Et je ne mettrai plus jamais les pieds dans vos restaurants.

Annexe 1

Lexique moléculaire

Ce lexique traite de la partie « officielle » de la cuisine moléculaire. Il s'agit du contenu des célèbres « kits moléculaires » vendus aux particuliers et aux professionnels. Souvent l'additif mentionné n'est pas le seul composant du Kit. Beaucoup de fabricants « recoupent » des additifs avec de la maltodextrine, certains élaborent des véritables cocktails.

Les divers guides rédigés par les associations de consommateurs ou des auteurs spécialisés sont la meilleure source pour s'informer sur les additifs. En fonction du pays et de l'auteur, le jugement varie beaucoup. S'il en est qui encensent n'importe quelle substance, en revanche d'autres auteurs condamnent en bloc presque tous les additifs.

Nombre de ces lexiques se servent d'un système de feux de signalisations. Le feu vert signifie : « Selon les connaissances actuelles, anodin en quantité normale ». Le feu orange : « Certains chercheurs le déclarent non inoffensif ». Feu rouge : « Une substance à éviter ou, du moins, dont il faut limiter le dosage dans l'alimentation quotidienne ».

Pour élaborer le tableau suivant, nous avons adopté ce même système. Afin de garantir l'impartialité des données, nous avons toujours choisi les qualifications de la source la plus sévère et celles de la plus tolérante, ce qui, dans certains cas, peut aboutir à des résultats « du vert au rouge ».

N'oublions pas que ces indications se réfèrent toujours à des dosages normaux. Pour ce qui est des énormes quantités utilisées dans la cuisine moléculaire, il n'existe que peu d'investigations, voire pas du tout.

Autre détail important : on ne sait rien ou presque des interactions entre additifs ni de leurs répercussions sur l'organisme. La loi fait comme si les aliments ne contenaient qu'un seul additif et comme si les autres existaient à côté sans en être affectés. Une extravagance qui constitue également un problème dans le domaine de la cuisine moléculaire.

E 322 (lécithine)

Nom commercial : Lecite – Texturas, par Albert et Ferran Adrià

Extraite notamment des grains de soja, la lécithine est un agent émulsifiant, antioxydant, stabilisant et contribue aussi au traitement de la farine.

Cuisine moléculaire : air glacé de parmesan, air de citron vert.

Applications industrielles : notamment gâteaux et biscuits, lait en poudre, mayonnaise, margarine et boissons à base de cacao.

Dangereux pour les personnes allergiques au soja, ce qui n'est normalement pas le cas avec des textures contenant du soja génétiquement modifié.

Classification (selon les sources) : vert.

E 331 (citrate de sodium)

Nom commercial : Citras – Texturas, par Albert et Ferran Adrià ; Kit ph, de Sosa.

Sels d'acide citrique. Agent acidifiant, régulateur d'acidité, sel émulsifiant.

Cuisine moléculaire : on s'en sert pour permettre à des ingrédients très acides de se transformer en billes grâce à la sphérification. Ravioles sphériques à la mangue.

Applications industrielles : dans l'industrie alimentaire, on utilise le citrate de sodium pour éviter que les fruits coupés noircissent. On le trouve dans des produits à base de viande, dans le lait concentré, les desserts, les conserves de légumes.

Classification (selon les sources) : vert.

En hautes doses, le citrate de sodium n'est pas complètement anodin : les protocoles de sécurité pour la manipulation de l'E 331 prescrivent le port de gants, d'un masque et de lunettes de protection, tout en alertant des risques d'inhalation ou d'ingestion accidentelle, incidences qui se traduiraient par des diarrhées hémorragiques et des vomissements.

Dangereux pour les allergiques à la moisissure dans certains cas, car on utilise pour la fabrication industrielle de cet additif des champignons du type *Aspergillus niger.* Malheureusement, il est rare que ces personnes sachent quel cuisinier utilise du citrate de sodium. Ce produit est déconseillé aux personnes à régime hyposodique ou à tension artérielle élevée. Les distributeurs d'additifs honnêtes demandent aux cuisiniers et chimistes autoproclamés de ne pas l'utiliser « pour d'autres applications qu'alimentaires telles qu'illustrées ».

E 400 (acide alginique)

Nom commercial : Algin – Texturas, par Albert et Ferran Adrià ; Algizoon – texture Pro, de Biozoon Food Innovation GmbH ; Gelesfera A, de Sosa.

Les alginates sont extraits des parois cellulaires des algues rouges. On s'en sert comme gélifiants, épaississants et agents d'encapsulation.

Cuisine moléculaire : l'acide alginique réagit avec l'E 509 : caviar de melon, ravioles sphériques à la mangue, ravioles sphériques au thé, croquette sphérique inverse au jambon.

Pour ce qui est de la sphérification (élaboration d'aliments sous forme de billes), cet acide gélifie au contact de Calcic. Ne pas chauffer.

Applications industrielles : sous forme de poudre dans des puddings, des aspics, des glaces, des confitures. On l'emploie aussi dans le domaine de l'odontologie ou pour cicatriser des blessures.

Classification (selon les sources) : vert.

Le corps ne l'absorbe pas. À haute dose, cet acide empêche l'absorption des oligoéléments, raison pour laquelle cet additif est interdit dans l'alimentation des nourrissons et des jeunes enfants, à l'exception des aliments spécialement destinés au sevrage afin d'éviter l'apparition de carences. L'ingestion simultanée de composés calciques dans la cuisine moléculaire pourrait éventuellement accentuer l'effet indiqué.

E 406 (agar-agar)

Nom commercial : Agar – Texturas, par Albert et Ferran Adrià ; Agazoon – texture Pro, de Biozoon Food Innovation GmbH.

Extrait des parois cellulaires des algues rouges, on l'emploie pour ses vertus nappantes, gélifiantes et épaississantes.

Cuisine moléculaire : « gelée chaude de langoustines » ou « terrine de basilic gélifiée ».

Applications industrielles : confitures, yaourts, nappages.

Classification (selon les sources) : vert-orange.

Comme il ne se digère pas, le corps n'en profite guère. En quantités supérieures, de 4 à 12 grammes, il a un effet laxatif. En laboratoire, on l'utilise pour la solidification des substrats bactériens.

E 407 (carraghénanes)

Nom commercial : Iota – Texturas, par Albert et Ferran Adrià ; Iotazoon – texture Pro, de Biozoon Food Innovation GmbH ; Genuvisco, de CP Kelco.

Variante :

Kappa – Texturas, par Albert et Ferran Adrià ; Genu Texturizer de CP Kelco.

Gélifiant et épaississant à base d'algues rouges. La marque commerciale Iota met en évidence l'utilisation de l'algue *Eucheuma spinosum*, qui a pour résultat la formation de gels souples.

La marque commerciale Kappa met en évidence le recours à l'algue *Kappaphycus cottonii*, qui a pour résultat la formation de gels durs.

Cuisine moléculaire : Iota se dissout à froid et gélifie à 80 °C. On l'utilise, par exemple, pour l'« ambre de cèpes » et les « concombres en fleurs gélifiés ». Kappa peut être utilisé à froid, réchauffé puis mélangé. Cet additif peut napper les aliments, comme dans le cas de l'« ambre de cèpes » et les « concombres en fleurs gélifiés ».

Applications industrielles : ketchup, crème fraîche, poudre à gâteau, glace, lait en poudre, mais aussi shampoings, dentifrices et cires à chaussures.

Classification (selon les sources) : vert-orange.

On l'expulse sans l'absorber, mais cet additif peut entraver l'absorption de nutriments ou exercer une influence négative dans le cas d'une infection intestinale. On le soupçonne aussi de déclencher des symptômes d'allergie. Au cours d'expérimentations sur les animaux, les carraghénanes dégradés (catabolisés) ont altéré les cellules du système immunologique et provoqué des ulcérations. Le Comité scientifique de l'alimentation de la Commission européenne (CSA) préconise de réduire au maximum le contenu en carraghénanes dégradés dans l'E 407. Le CSA recommandait aussi en 2003 l'interdiction de l'E 407 dans la nourriture pour enfants.

E 410 (farine de caroube)

Nom commercial : Locuzoon – texture Pro, de Biozoon Food Innovation GmbH.

Gélifiant élaboré à base de caroube.

Cuisine moléculaire : utilisé dans la production de gels, à partir de bouillons par exemple.

Applications industrielles : pâtisseries, confitures, conserves de fruits et de légumes, glaces, boissons lactées.

Classification (selon les sources) : vert.

On soupçonne la farine de caroube de favoriser certaines allergies. Chez les allergiques au soja ou aux cacahuètes, ce produit peut générer des réactions croisées.

E 412 (farine de guar)

Nom commercial : Guarzoon – texture Pro, de Biozoon Food Innovation GmbH.

Gélifiant fait de graines moulues de guar.

Cuisine moléculaire : utilisé dans la production d'écumes stables ou de liquides contenants des « particules flottantes », des aromates, par exemple.

Applications industrielles : pâtisseries, confitures, conserves de fruits et de légumes, glaces, boissons lactées.

Classification (selon les sources) : vert.

On soupçonne la farine de guar de favoriser certaines allergies. Chez les allergiques au soja ou aux cacahuètes, ce produit peut générer des réactions croisées avec la farine de caroube.

La consommation à hautes doses peut entraîner des spasmes abdominaux ainsi que des flatulences.

E 415 (xanthane)

Nom commercial : Xantana – Texturas, par Albert et Ferran Adrià ; Keltrol, de CP Kelco ; Xanthazoon – texture Pro, de Biozoon Food Innovation GmbH ; Gelespesa, de Sosa.

Cette gomme est un texturant fait de xanthane et de maltodextrine. Substance de garnissage, gélifiante et épaississante, on la fabrique avec les bactéries *Xanthomonas camestris*, un amidon indigeste produit par des microorganismes.

Cuisine moléculaire : sangria blanche en suspension, crème de jambon ibérique.

Applications industrielles : ketchup, confitures, mayonnaises, glaces, conserves de viande et de poisson, mais aussi et surtout savons liquides, crèmes capillaires et shampoings.

Classification (selon les sources) : vert-orange.

Certaines sources avertissent du risque de réactions cutanées ou de réactions allergiques des voies respiratoires ; ces effets secondaires cependant sont davantage le fait d'une inhalation de xanthane au cours d'une manipulation industrielle. Comme pour tous les additifs, il est intéressant d'examiner le processus de fabrication. À la page xxx, le lecteur lira ce que le fameux auteur allemand Hans-Ulrich Grimm dit de la xanthane.

E 418 (gellan)

Nom commercial : Gellan – Texturas, par Albert et Ferran Adrià ; Gellazoon – texture Pro, de Biozoon Food Innovation GmbH ; Kelcogel, dans différentes variantes de CP Kelco.

Gélifiant et épaississant, découvert en 1977, que l'on extrait de la bactérie *Sphingonomas elodea.*

Cuisine moléculaire : produit des gels stables, tels que les vermicelles à soupe ou des tagliatelles de safran.

Applications industrielles : confiseries, confitures, pâtisseries.

Classification (selon les sources) : vert-orange.

Indigeste. Aux dires de certaines sources, cette gomme aurait un possible effet laxatif. La classification orange est due à l'absence d'études en la matière.

E 461 (méthylcellulose)

Nom commercial : Metil – Texturas, par Albert et Ferran Adrià ; Metocel, de Dow Chemicals ; Cekol, de CP Kelco ; Celluzoon – texture Pro, de Biozoon Food Innovation GmbH ; Metigel, de Sosa.

Gélifiant fait de cellulose. On s'en sert comme stabilisant, agent de nappage et épaississant.

Cuisine moléculaire : gélifie des ingrédients tièdes. Lorsque les ingrédients refroidissent, la méthylcellulose perd son pouvoir gélifiant et se dilue. « Boulettes de fèves tendres » (Adrià), pâtes de soja et huile d'olive façonnées à la seringue ou « glace tiède », à déguster avant qu'elle ne refroidisse.

Applications industrielles : desserts, gâteaux, ketchup, mayonnaises ; aux États-Unis, on emploie cette substance dans le traitement de la constipation et des hémorroïdes, mais aussi comme lubrifiant, comme additif au mortier ou à la colle à papier peint, et même au cinéma où l'on s'en sert pour les effets spéciaux ou comme liquide corporel masculin dans les films pour adultes.

Classification (selon les sources) : vert-rouge.

À hautes doses, l'effet laxatif est garanti.

Notre corps est incapable de digérer la méthylcellulose ni d'en extraire des nutriments, ce qui constitue un avantage pour certaines branches industrielles. En Grande-Bretagne, sous le nom de « Slendex », la méthylcellulose aide les gens à perdre du poids en leur remplissant l'estomac. Aux États-Unis, la méthylcellulose est vendue sous forme de médicament (par exemple, Citrucel de GlaxoSmithKline). Les cachets de 500 mg permettent de soulager la constipation, les flatulences, les hémorroïdes et les problèmes intestinaux. Parmi les effets secondaires, on a relevé des douleurs de poitrine, des difficultés à respirer ou à avaler, des nausées, des vomissements. Le fabricant indique qu'il faut accompagner chaque prise de cachet d'un grand verre d'eau et recommande une dose d'un ou de deux grammes par jour.

« Le propre de la méthylcellulose est de provoquer un gonflement. Du coup, consommée à haute dose, cette substance provoque un élargissement de l'intestin et en facilite l'évacuation, entraînant un risque de diarrhée », avertit Werner Mlodzianowski, directeur gérant d'INICON.

L'effet laxatif est donc plutôt mécanique et se produit au moment du gonflement de cette substance. Aussi les cuisiniers laissent-ils aux celluloses le temps de se gonfler dans l'eau avant de les utiliser, précaution que le site web de Texturas rappelle dans la recette des « Boulettes de fèves tendres ». On utilise pour ce plat 20 grammes de cette indigeste substance gonflée pour 65 grammes d'ingrédients naturels. Rien d'étonnant à ce que notre corps ne profite pas du quart de ces boulettes.

E 473 (sucroester)

Nom commercial : Sucro – Texturas, par Albert et Ferran Adrià.

Émulsifiant. Provient des méthylesters d'acides gras, de chlorure d'acide gras et de saccharose.

Cuisine moléculaire : spirale d'huile d'olive, émulsion d'olives noires.

Applications industrielles : confiseries, desserts, glaces, gâteaux, pâtisseries, traitement superficiel des fruits.

Classification (selon les sources) : vert à rouge.

En grandes quantités, la substance a un effet laxatif et peut occasionner des flatulences.

Dose journalière admissible pour une personne saine de 80 kilos selon les recommandations de l'UE (la fameuse ADI en anglais) : 1,6 gramme (20 mg/kg). Une évaluation récente (EFSA-Q-2003-139) augmente à 40 mg/kg l'ingestion journalière, tout en alertant que dépasser le seuil des 2 grammes par jour peut provoquer chez les adultes des troubles gastro-intestinaux. Dose légale maximum par café : 1g/l ; pour les sauces : 10 g/kg. Dans la recette d'Adrià intitulée « Air de cerises » (520 grammes) qui apparaît sur le site Internet de Texturas, on en compte six grammes.

E 475 (ester de polyglycérine)

Nom commercial : Glice – Texturas, par Albert et Ferran Adrià.

Provenant de glycérines et d'acides gras, cette substance sert à émulsifier et préserver les mousses.

Cuisine moléculaire : grâce à ses vertus émulsifiantes, il peut dissoudre un milieu aqueux dans un milieu gras. Émulsion d'olive noire, copeaux de lard ibérique virtuel.

Applications industrielles : pâtisserie, préparations grasses, desserts.

Classification (selon les sources) : vert à orange.

On l'utilise aussi en cosmétique.

Dose journalière admissible pour une personne saine de 80 kilos selon les recommandations de l'UE (la fameuse ADI en anglais) : 2 grammes. Dose légale maximum pour des produits à base d'œufs : 1 g/kg ; pour les pâtisseries : 10 g/kg. La recette d'Adrià du « Jambon virtuel à l'huile d'olive » en contient 6 grammes.

E 509 (chlorure de calcium)

Nom commercial : Calcic – Texturas, par Albert et Ferran Adrià ; Clorur/Gelesfera B, de Sosa.

Sel calcique d'acide chlorhydrique, il s'agit d'un agent solidifiant, exhausteur de goût et stabilisant.

Cette substance est classée comme dangereuse selon la directive 67/548/CEE.

Cuisine moléculaire : E 509 réagit au contact d'E 400 (voir plus haut) et transforme la nourriture en de petites billes. Ravioles sphériques à la mangue, ravioles sphériques au thé.

Applications industrielles : production de fromage, conserves de fruits, confitures. On en trouve aussi dans le ciment, la poudre d'extincteur et la colle.

Classification (selon les sources) : vert.

E 578/E 327 (gluconate de calcium et lactate de calcium)

Nom commercial : Gluco – Texturas, par Albert et Ferran Adrià.

Produit composé de deux sels de calcium : le sel calcique de l'acide gluconique et l'acide lactique. Régulateur d'acidité, stabilisant (E 578), régulateur d'acidité et humectant (E 327), ces deux substances sont également disponibles séparément sous les noms de Calazoon (Texturepro/Biozoon) ou Gluconolactat de Sosa.

Cuisine moléculaire : croquette sphérique inverse au jambon, moules sphériques et soupe de pomme de terre au bacon.

Applications industrielles : E 327 régule le contenu en acides des aliments. Il réagit au contact de la pectine en durcissant les fruits et les légumes.

Classification (selon les sources) : vert pour E 578, vert à orange pour E 327.

Maltodextrine

Nom commercial : Malto – Texturas, par Albert et Ferran Adrià ; Maltosec, de Sosa.

Mélange d'hydrates de carbone, cette substance est un dérivé du maltose (sucre de malte) et du dextrose (glucose).

Cuisine moléculaire : tablettes effervescentes à l'orange.

Applications industrielles : on l'utilise dans la fabrication de bonbons, de soupes et de charcuterie.

Le maltodextrine n'est pas un additif. Il est connu sous le nom de *weight gainer* chez les culturistes, ce produit est utilisé dans les boissons énergétiques. On s'en sert aussi comme aliment pour bactéries dans certains laboratoires. Beaucoup de fournisseurs de « kits moléculaires » mélangent leurs additifs avec de la maltodextrine.

Annexe 2

Liste des additifs

Comment se lit une étiquette de produit alimentaire ?

On trouvera ci-après les différentes substances qui se cachent derrière l'étiquetage en E- qui se trouve sur les produits d'alimentation. Il s'agit d'additifs alimentaires. Ils ont pour fonction de prolonger la conservation des aliments, de rendre la viande, le poisson ou les légumes plus appétissants, d'en raviver les couleurs, d'en exalter le goût. Ces additifs sont à peu près indispensables à l'industrie agroalimentaire. Malgré tout, certains font débat dans la communauté scientifique. C'est par exemple le cas de l'aspartame et du glutamate, ou encore des carraghénanes. Dans le domaine des adjuvants alimentaires, les recherches sont des travaux de longue haleine, et il est rare qu'on revienne sur des résultats. Mais il est fréquent que des teneurs limites soient fixées pour l'introduction de ces produits dans l'alimentation. Dans certains pays, les valeurs maximales sont même explicitement fixées en fonction de la masse corporelle. L'ensemble du corps médical s'accorde en tout cas à considérer que l'absorption de ces adjuvants doit être la plus réduite possible.

La liste ci-après doit vous aider à l'occasion de vos achats. Les additifs sont nommés en clair, et leurs propriétés expliquées. Le plus souvent, les seules personnes à subir des effets secondaires négatifs sont celles qui sont allergiques à un ou plusieurs produits. Il vous appartient donc de décider en toute connaissance de cause ce que vous voulez imposer à votre corps.

E	Nom	Application	Toxicité
E 100	Curcumine	Colorant	Dans de très rares cas, en particulier chez des personnes allergiques au pollen d'armoise, peut provoquer des crises aiguës d'urticaire et des poussées neurodermitiques. Peut également contenir de l'aluminium. Ce métal est supposé favoriser les démences de type Alzheimer et la maladie de Parkinson.
E 101	Riboflavine, Riboflavine-5'-phosphate	Colorant	Peut également contenir de l'aluminium. Ce métal est supposé favoriser les démences de type Alzheimer et la maladie de Parkinson.
E 102	Tartrazine	Colorant	Chez des sujets sensibles, peut provoquer des allergies ou quasi-allergies cutanées de type urticaire. Peut également contenir de l'aluminium. Ce métal est supposé favoriser les démences de type Alzheimer et la maladie de Parkinson.
E 104	Jaune de quinoléine	Colorant	Interdit dans l'alimentation aux USA, en Australie et en Norvège, notamment à cause des réactions allergiques que son contact est susceptible de déclencher. Peut également contenir de l'aluminium. Ce métal est supposé favoriser les démences de type Alzheimer et la maladie de Parkinson.
E 110	Jaune orange S	Colorant	Dans de très rares cas, peut déclencher des réactions cutanées de type éruptions, eczéma ou urticaire, ou provoquer une détresse respiratoire ou des crises asthmatiformes. Peut également contenir de l'aluminium. Ce métal est supposé favoriser les démences de type Alzheimer et la maladie de Parkinson.
E 120	Carmin authentique	Colorant	Dans de très rares cas, peut déclencher des réactions cutanées de type éruptions, eczéma ou urticaire, ou provoquer une détresse respiratoire ou des crises asthmatiformes. Quelques cas de chocs anaphylactiques ont été répertoriés. Peut également contenir de l'aluminium. Ce métal est supposé favoriser les démences de type Alzheimer et la maladie de Parkinson.
E 122	Azorubine	Colorant	
E 123	Amarante	Colorant	Dans de très rares cas, peut déclencher des réactions cutanées de type éruptions, eczéma ou urticaire, ou provoquer une détresse respiratoire ou des crises asthmatiformes. Peut également contenir de l'aluminium. Ce métal est supposé favoriser les démences de type Alzheimer et la maladie de Parkinson.
E 124	Rouge cochenille	Colorant	
E 127	Erythrosine	Colorant	Du fait d'une forte teneur en iode, des quantités trop importantes d'érythrosine peuvent provoquer une hyperthyroïdie chez des sujets thyroïdiens. Peut également contenir de l'aluminium. Ce métal est supposé favoriser les démences de type Alzheimer et la maladie de Parkinson.

E 128	Rouge 2G	Colorant	Dans de très rares cas, peut déclencher des réactions cutanées de type éruptions, eczéma ou urticaire, ou provoquer une détresse respiratoire ou des crises asthmatiformes. Peut également contenir de l'aluminium. Ce métal est supposé favoriser les démences de type Alzheimer et la maladie de Parkinson. Le Rouge 2G est transformé en aniline par le corps humain. L'expérimentation animale fait soupçonner ce produit d'avoir des effets cancérigènes.
E 129	Rouge allura AC	Colorant	Peut contenir de l'aluminium. Ce métal est supposé favoriser les démences de type Alzheimer et la maladie de Parkinson.
E 131	Bleu patenté V	Colorant	
E 132	Indigotine	Colorant	
E 133	Bleu brillant FCF	Colorant	
E 140	Chlorophylle et chlorophyllines	Colorant	Sont réputées inoffensives. Peuvent néanmoins contenir de l'aluminium. Ce métal est supposé favoriser les démences de type Alzheimer et la maladie de Parkinson.
E 141	Complexe cuivre-chlorophylles	Colorant	Est réputé inoffensif. Peut néanmoins contenir de l'aluminium. Ce métal est supposé favoriser les démences de type Alzheimer et la maladie de Parkinson.
E 142	Vert S	Colorant	
E 150 a	Caramel ordinaire	Colorant	Peut contenir de l'aluminium. Ce métal est supposé favoriser les démences de type Alzheimer et la maladie de Parkinson.
E 150 b	Caramel de sulfite caustique	Colorant	
E 150 c	Caramel ammoniacal	Colorant	Est réputé inoffensif. Peut néanmoins contenir de l'aluminium. Ce métal est supposé favoriser les démences de type Alzheimer et la maladie de Parkinson.
E 150 d	Caramel au sulfite d'ammonium	Colorant	
E 151	Noir brillant BN	Colorant	Dans de très rares cas, peut déclencher des réactions cutanées de type éruptions, eczéma ou urticaire, ou provoquer une détresse respiratoire ou des crises asthmatiformes. Peut aussi contenir de l'aluminium. Ce métal est supposé favoriser les démences de type Alzheimer et la maladie de Parkinson.

E 153	Charbon végétal médicinal	Colorant	Est réputé inoffensif. Peut néanmoins contenir de l'aluminium. Ce métal est supposé favoriser les démences de type Alzheimer et la maladie de Parkinson.
E 154	Brun FK	Colorant	Dans de très rares cas, peut déclencher des réactions cutanées de type éruptions, eczéma ou urticaire, ou provoquer une détresse respiratoire ou des crises asthmatiformes. Peut aussi contenir de l'aluminium. Ce métal est supposé favoriser les démences de type Alzheimer et la maladie de Parkinson.
E 155	Brun HT	Colorant	
E 160 a	Carotènes, carotènes mélangés, béta-carotène	Colorant	Depuis l'an 2000, la dose recommandée en Europe de l'ouest est de 1 à 2 mg/kg de masse corporelle. Des études ont montré que le béta-carotène aggrave le risque de cancer des poumons et de maladie cardiaque chez les grands fumeurs et les personnes atteintes d'affections cardiovasculaires. L'apparition du cancer de l'intestin peut également être favorisée.
E 160 b	Rocou, bixine, norbixine	Colorant	Chez des sujets particulièrement allergiques, ce produit peut déclencher des réactions dermiques ou des crises d'asthme. Peut aussi contenir de l'aluminium. Ce métal est supposé favoriser les démences de type Alzheimer et la maladie de Parkinson.
E 160 c	Extrait de paprika, capsanthine, capsorubine	Colorant	
E 160 d	Lycopène	Colorant	Est réputé inoffensif. Peut néanmoins contenir de l'aluminium. Ce métal est supposé favoriser les démences de type Alzheimer et la maladie de Parkinson.
E 160 e	Béta-apocaroténal-8'	Colorant	Est réputé inoffensif. D'après certaines études, pourrait favoriser l'apparition du cancer du poumon chez les gros fumeurs.
E 160 f	Ester éthylique de l'acide béta- pocaroté-nique-8'(C 30)	Colorant	Est réputé inoffensif. Peut néanmoins contenir de l'aluminium. Ce métal est supposé favoriser les démences de type Alzheimer et la maladie de Parkinson.
E 161 b	Lutéine	Colorant	
E 161 g	Cathaxantine	Colorant	Est réputé inoffensif. Peut néanmoins contenir de l'aluminium. Ce métal est supposé favoriser les démences de type Alzheimer et la maladie de Parkinson. Des études ont montré qu'employé à haute dose en cosmétique comme produit bronzant, il peut s'avérer nocif.

E 162	Rouge de betterave	Colorant	Est réputé inoffensif. Peut néanmoins contenir de l'aluminium. Ce métal est supposé favoriser les démences de type Alzheimer et la maladie de Parkinson.
E 170	Carbonate de calcium	Colorant, antiagglomérant	
E 171	Dioxyde de titane	Colorant	
E 172	Oxyde et hydroxyde de fer	Colorant	
E 173	Aluminium	Colorant	Ce métal est supposé favoriser les démences de type Alzheimer et la maladie de Parkinson.
E 174	Argent	Colorant	Est réputé inoffensif. Peut néanmoins contenir de l'aluminium. Ce métal est supposé favoriser les démences de type Alzheimer et la maladie de Parkinson.
E 175	Or	Colorant	
E 180	Lithol-rubine BK	Colorant	Peut provoquer chez des personnes particulièrement sensibles des réactions allergiques ou des crises d'asthme. Peut aussi contenir de l'aluminium. Ce métal est supposé favoriser les démences de type Alzheimer et la maladie de Parkinson.
E 200	Acide sorbique	Conservateur	À faible dose, est réputé inoffensif. Peut provoquer des réactions allergiques dans des cas tout à fait exceptionnels.
E 202	Sorbate de potassium	Conservateur	
E 203	Sorbate de calcium	Conservateur	
E 210	Acide benzoïque	Conservateur	Peut provoquer des réactions allergiques dans des cas tout à fait exceptionnels. Attention : ce produit est nocif pour les chats, ne jamais nourrir les animaux domestiques avec un produit contenant du E 210.
E 211	Benzoate de sodium	Conservateur	Peut provoquer des réactions allergiques dans des cas tout à fait exceptionnels. Attention : ce produit est nocif pour les chats, ne jamais nourrir les animaux domestiques avec un produit contenant du E 211
E 212	Benzoate de potassium	Conservateur	Peut provoquer des réactions allergiques dans des cas tout à fait exceptionnels. Attention : ce produit est nocif pour les chats, ne jamais nourrir les animaux domestiques avec un produit contenant du E 212
E 213	Benzoate de calcium	Conservateur	Peut provoquer des réactions allergiques dans des cas tout à fait exceptionnels. Attention : ce produit est nocif pour les chats, ne jamais nourrir les animaux domestiques avec un produit contenant du E 213

E 214	P-hydroxybenzoate d'éthyle	Conservateur	Peut provoquer des réactions allergiques dans des cas tout à fait exceptionnels. Attention : ce produit est nocif pour les chats, ne jamais nourrir les animaux domestiques avec un produit contenant du E 214
E 215	Dérivé sodique de l'ester éthylique de l'acide P-hydroxybenzoïque	Conservateur	Peut provoquer des réactions allergiques dans des cas tout à fait exceptionnels. Attention : ce produit est nocif pour les chats, ne jamais nourrir les animaux domestiques avec un produit contenant du E 215
E 216	P-hydroxybenzoate de propyle	Conservateur	Peut provoquer des réactions allergiques dans des cas tout à fait exceptionnels. Attention : ce produit est nocif pour les chats, ne jamais nourrir les animaux domestiques avec un produit contenant du E 216
E 217	Dérivé sodique de l'ester propylique de l'acide P-hydroxybenzoïque	Conservateur	Peut provoquer des réactions allergiques dans des cas tout à fait exceptionnels. Attention : ce produit est nocif pour les chats, ne jamais nourrir les animaux domestiques avec un produit contenant du E 217
E 218	P-hydroxybenzoate de méthyle	Conservateur	Peut provoquer des réactions allergiques dans des cas tout à fait exceptionnels. Attention : ce produit est nocif pour les chats, ne jamais nourrir les animaux domestiques avec un produit contenant du E 218
E 219	Dérivé sodique de l'ester méthylique de l'acide P-hydroxybenzoïque	Conservateur	Peut provoquer des réactions allergiques dans des cas tout à fait exceptionnels. Attention : ce produit est nocif pour les chats, ne jamais nourrir les animaux domestiques avec un produit contenant du E 219

E	Nom	Application	Toxicité
E 220	Anhydride sulfureux	Conservateur	L'anhydride sulfureux (ou dioxyde de soufre) et le sulfite peuvent déclencher chez des allergiques particulièrement sensibles ce qu'on appelle parfois de l'asthme aux sulfites. L'additif peut provoquer éternuements et rhume, irritation de la peau et maux de tête. Certains chercheurs soupçonnent une relation de cause à effet entre la consommation de produits alimentaires avec conservateur à base de soufre et certaines inflammations intestinales.
E 221	Sulfite de sodium	Conservateur	
E 222	Sulfite acide de sodium	Conservateur	
E 223	Disulfite de sodium	Conservateur	
E 224	Disulfite de potassium	Conservateur	
E 226	Sulfite de calcium	Conservateur	
E 227	Sulfite acide de calcium	Conservateur	
E 228	Sulfite acide de potassium	Conservateur	
E 234	Nisine	Conservateur	Réputé inoffensif.
E 235	Natamycine	Conservateur	Réputé inoffensif. Réactions allergiques dans des cas très exceptionnels.
E 239	Hexaméthylènetétramine	Conservateur	Réputé inoffensif.
E 242	Dicarbonate de diméthyle	Conservateur	
E 249	Nitrite de potassium	Conservateur	Certains chercheurs sont d'avis que les nitrites peuvent se transformer dans l'appareil digestif en nitrosamines cancérigènes.
E 250	Nitrite de sodium	Conservateur, antioxydant	
E 251	Nitrate de sodium	Conservateur, antioxydant	
E 252	Nitrate de potassium	Conservateur, antioxydant	
E 260	Acide acétique	Acidifiant, correcteur d'acidité	Réputé inoffensif.
E 261	Acétate de potassium	Acidifiant, correcteur d'acidité	
E 262	Acétate et diacétate de sodium	Acidifiant, correcteur d'acidité	
E 263	Acétate de calcium	Acidifiant, correcteur d'acidité	
E 270	Acide lactique	Acidifiant	

E 280	Acide propionique	Conservateur	Une étude australienne laisse entendre que l'acide propionique et les propionates pourraient être responsables chez les enfants de problèmes de comportement tels l'hyperactivité et les difficultés de concentration.
E 281	Propionate de sodium	Conservateur	
E 282	Propionate de calcium	Conservateur	
E 283	Propionate de potassium	Conservateur	
E 284	Acide borique	Conservateur	Est utilisé en quantités infimes pour la conservation du caviar. L'acide borique et le borax consommés régulièrement en quantités significatives provoquent un empoisonnement chronique.
E 285	Tétraborate de sodium (borax)	Conservateur	Est utilisé en quantités infimes pour la conservation du caviar. L'acide borique et le borax consommés régulièrement en quantités significatives provoquent un empoisonnement chronique.
E 290	Dioxyde de carbone	Agent levant	Réputé inoffensif.
E 296	Acide malique	Acidifiant	
E 297	Acide fumarique	Acidifiant	
E 300	Acide ascorbique	Antioxydant, levure chimique	Réputé inoffensif aux teneurs courantes dans les aliments.
E 301	Ascorbate de sodium	Antioxydant, levure chimique	
E 302	Ascorbate de calcium	Antioxydant, levure chimique	
E 304	Ester des acides gras de l'acide ascorbique : palmitate d'ascorbyle, stéarate d'ascorbyle	Antioxydant	
E 306	Extrait riche en tocophérols	Antioxydant	
E 307	Alpha-tocophérol	Antioxydant	
E 308	Gamma-tocophérol	Antioxydant	
E 309	Delta-tocophérol	Antioxydant	

E 310	Gallate de propyle	Antioxydant	Est considéré comme nocif pour l'enfant, susceptible à forte dose de provoquer une cyanose, du fait que les globules rouges ne transportent plus assez d'oxygène.
E 311	Gallate d'octyle	Antioxydant	
E 312	Gallate de dodécyle	Antioxydant	
E 315	Acide érythorbique	Antioxydant	Réputé inoffensif.
E 316	Érythorbate de sodium	Antioxydant	
E 320	Butylhydroxyanisol (BHA)	Antioxydant	Est considéré comme nocif pour l'enfant, susceptible à forte dose de provoquer une cyanose, du fait que les globules rouges n'absorbent plus assez d'oxygène. Interdit dans l'alimentation des enfants et des nourrissons.
E 321	Butylhydroxytoluène (BHT)	Antioxydant	
E 322	Lécithines	Émulsifiant	Réputé inoffensif. Peut néanmoins provoquer exceptionnellement des réactions chez des personnes allergiques au soja.
E 325	Lactate de sodium	Correcteur d'acidité	Réputé inoffensif. Interdit pour les nourrissons, eu égard au fait que l'acide lactique est pratiquement indigeste pour les enfants de moins d'un an. Exception pour l'alimentation dite de sevrage.
	Lactate de potassium	Correcteur d'acidité	
E 327	Lactate de calcium	Correcteur d'acidité	
E 330	Acide citrique	Acidifiant, correcteur d'acidité	Sans effet nocif en règle générale. Le seul risque tient à sa très large diffusion, qui débouche sur une ingestion régulière ; l'acide citrique est agressif pour la dentition, et favorise l'assimilation dans le sang de métaux comme le plomb ou l'aluminium. Cela peut être à l'origine de troubles de l'apprentissage et de la mémoire. Certains membres du corps médical le soupçonnent de jouer un rôle dans les maladies dégénératives telles l'Alzheimer ou le Parkinson.
E 331	Citrates de sodium : citrates monosodique, disodique, trisodique	Acidifiant, correcteur d'acidité	Réputé inoffensif. Est produit industriellement à l'aide du champignon *Aspergillus niger*, ce qui peut être à l'origine de symptômes chez les personnes allergiques aux moisissures.
E 332	Citrates de potassium : citrates monopotassique, dipotassique, tripotassique	Acidifiant, correcteur d'acidité	
E 333	Citrates de calcium : citrates monocalcique, dicalcique, tricalcique	Acidifiant, correcteur d'acidité	

<table>
<tr><td>E 334</td><td>Acide tartrique</td><td>Acidifiant, correcteur d'acidité</td><td rowspan="4">Réputé inoffensif. Interdit pour les nourrissons, à l'exception des aliments dits de sevrage.</td></tr>
<tr><td>E 335</td><td>Tartrates de sodium : monosodique et disodique</td><td>Acidifiant, correcteur d'acidité</td></tr>
<tr><td>E 336</td><td>Tartrates de potassium: monopotassique et dipotassique</td><td>Acidifiant, correcteur d'acidité</td></tr>
<tr><td>E 337</td><td>Tartrate double sodium et potassium</td><td>Acidifiant, correcteur d'acidité</td></tr>
<tr><td>E 338</td><td>Acide orthophosphorique</td><td>Acidifiant, sel émulsifiant</td><td>Présent en quantités relativement importantes dans les sodas de type Coca Cola. Une ingestion excessive et régulière peut endommager l'émail dentaire. En cas d'alimentation déséquilibrée chez les enfants et les jeunes, il peut être à l'origine d'atrophie osseuse.</td></tr>
<tr><td>E 339</td><td>Orthophosphates de sodium : monosodique, disodique et trisodique</td><td>Acidifiant, sel émulsifiant</td><td rowspan="4">Réputé inoffensif. Les phosphates sont souvent mis en relation avec le syndrome dit du déficit d'attention, mais la preuve scientifique n'en a été jusqu'ici pas établie.</td></tr>
<tr><td>E 340</td><td>Orthophosphates de potassium : monopotassique, dipotassique et tripotassique</td><td>Acidifiant, sel émulsifiant</td></tr>
<tr><td>E 341</td><td>Orthophosphates de calcium : monocalcique, dicalcique et tricalcique</td><td>Acidifiant, sel émulsifiant</td></tr>
<tr><td>E 343</td><td>Orthophosphates de magnésium : monomagnésique et dimagnésique</td><td>Correcteur d'acidité</td></tr>
<tr><td>E 350</td><td>Malate de sodium, malate acide de sodium</td><td>Correcteur d'acidité</td><td rowspan="3">Réputé inoffensif. Édulcore le goût et peut de ce fait tromper le consommateur sur la qualité réelle du produit.</td></tr>
<tr><td>E 351</td><td>Malates de potassium</td><td>Correcteur d'acidité</td></tr>
<tr><td>E 352</td><td>Malate de calcium, malate acide de calcium</td><td>Correcteur d'acidité</td></tr>
<tr><td>E 353</td><td>Acide métatartrique</td><td>Stabilisant</td><td rowspan="3">Réputé inoffensif.</td></tr>
<tr><td>E 354</td><td>Tartrate de calcium</td><td>Correcteur d'acidité, stabilisant</td></tr>
<tr><td>E 355</td><td>Acide adipique</td><td>Acidifiant, correcteur d'acidité</td></tr>
</table>

E 356	Adipate de sodium	Acidifiant, correcteur d'acidité	Réputé inoffensif.
E 357	Adipate de potassium	Acidifiant, correcteur d'acidité	
E 363	Acide succinique	Acidifiant	
E 380	Citrate de triammonium	Correcteur d'acidité	
E 385	Éthylène-diamine-tétra-acétate de calcium disodium	Antioxydant, séquestrant	
E 400	Acide alginique	Épaississant	Peut empêcher la digestion correcte de nutriments importants dans l'intestin. Interdit pour les nourrissons et les très jeunes enfants, à l'exception des aliments de sevrage.
E 401	Alginate de sodium	Épaississant	
E 402	Alginate de potassium	Épaississant	
E 403	Alginate d'ammonium	Épaississant	
E 404	Alginate de calcium	Épaississant	
E 405	Alginate de propane-1,2-diol	Épaississant	
E 406	Agar-agar	Gélifiant	Consommé en quantités importantes (de 4 à 12 g par jour), peut provoquer des diarrhées.
E 407	Carraghénanes	Gélifiant	Est supposé favoriser le développement des ulcères d'estomac ou d'intestin. D'après les travaux du Dr. Joanne K. Tobacman de l'Université de Chicago Illinois, les carraghénanes peuvent avoir un effet cancérigène.
E 407 a	Algues Euchema transformées	Gélifiant	Si différencient faiblement du carraghène (E 407)
E 410	Gomme de caroube	Épaississant	Consommé en quantités importantes, peut provoquer des diarrhées.
E 412	Gomme guar	Épaississant	Consommé en quantités importantes, peut provoquer des flatulences et des maux de ventre.

E 413	Gomme tragacanthe	Gélifiant	Réputé inoffensif. Effet allergène non démontré scientifiquement.
E 414	Gomme arabique	Épaississant	Peut provoquer dans des cas exceptionnels des réactions allergiques.
E 415	Gomme xanthane	Épaississant	Réputé inoffensif.
E 416	Gomme karaya	Gélifiant, épaississant	
E 417	Gomme tara	Épaississant	
E 418	Gomme gellane	Gélifiant, épaississant	
E 420	Sorbitol	Édulcorant, humectant	Consommé en quantités importantes (plus de 50 g/jour), peut provoquer des diarrhées.
E 421	Mannitol	Édulcorant	Consommé en quantités importantes (plus de 50 g/jour), peut provoquer des diarrhées.
E 422	Glycérol E	Humectant	Réputé inoffensif.
E 424	Curdlan	Gélifiant, épaississant	Peut provoquer dans certains cas diarrhée, constipation et flatulences.
E 425	Konjak : gomme konjak, glucomannane konjak	Gélifiant, épaississant	Réputé inoffensif. Consommé en quantités importantes, peut provoquer diarrhées et maux de ventre.
E 431	Stéarate de polyoxyéthylène (40)	Émulsifiant	Réputé inoffensif. Réactions allergiques possibles.
E 432	Monolaurate de polyoxyéthylène sorbitane (polysorbate 20)	Émulsifiant	
E 433	Monooléate de polyoxyéthylène sorbitane (polysorbate 80)	Émulsifiant	
E 434	Monopalmitate de polyoxyéthylène sorbitane (polysorbate 40)	Émulsifiant	
E 435	Monostéarate de polyoxyéthylène sorbitane (polysorbate 60)	Émulsifiant	
E 436	Tristéarate de polyoxyéthylène sorbitane (polysorbate 65)	Émulsifiant	

E 440	Pectines : pectine, pectine amidée	Gélifiant	Réputé inoffensif.
E 442	Phosphate d'ammonium	Émulsifiant	
E 444	Acétate isobutyrate de saccharose	Stabilisant	
E 445	Esters glycériques de résine de bois	Stabilisant	
	Diphosphates : disodique, trisodique, tétrasodique, diphosphate dipotassique, diphosphate dicalcique, diphosphate tétrapotassique, diphosphate acide de calcium	Antioxydant, agent levant, sel émulsifiant	Réputé inoffensif. Les phosphates sont souvent mis en relation avec le syndrome dit du déficit d'attention, mais la preuve scientifique n'en a été jusqu'ici pas établie.
E 450	Triphosphates : pentasodique, pentapotassique	Antioxydant, agent levant, sel émulsifiant	
E 452	Polyphosphates : polyphosphate de sodium, polyphosphate de potassium, polyphosphate de sodium et calcium, polyphosphate de calcium	Antioxydant, agent levant, sel émulsifiant	
E 459	Béta-cyclodextrine	Agent de charge	Réputé inoffensif.
E 460	Celluloses : cellulose microcristalline, cellulose en poudre	Agent de charge, épaississant	
E 461	Méthylcellulose	Agent de charge, épaississant	Réputé inoffensif, mais provoque à forte dose un effet laxatif. Est utilisé comme tel aux USA.
E 463	Hydroxypropylcellulose	Agent de charge, épaississant	Réputé inoffensif, mais provoque à forte dose un effet laxatif.
E 464	Hydroxypropylméthylcellulose	Agent de charge, épaississant	
E 465	Éthylméthylcellulose	Agent de charge, épaississant	Réputé inoffensif.
E 466	Carboxyméthylcellulose, carboxyméthylcellulose de sodium	Agent de charge, épaississant	Réputé inoffensif, mais provoque à forte dose un effet laxatif.
E 468	Carboxyméthylcellulose de sodium réticulé	Agent de charge, épaississant	

E 469	Carboxyméthylcellulose hydrolysée de manière enzymatique	Agent de charge, épaississant	Réputé inoffensif.
E 470 a	Sels de sodium, de potassium et de calcium d'acides gras	Émulsifiant, antiagglomérant	
E 470 b	Sels de magnésium d'acides gras	Émulsifiant, antiagglomérant	
E 471	Mono- et diglycérides d'acides gras	Émulsifiant, antiagglomérant	
E 472 a	Esters acétiques des mono- et diglycérides d'acides gras	Émulsifiant	
E 472 b	Esters lactiques des mono- et diglycérides d'acides gras	Émulsifiant	
E 472 c	Esters citriques des mono- et diglycérides d'acides gras	Émulsifiant	
E 472 d	Esters tartriques des mono- et diglycérides d'acides gras	Émulsifiant	
E 472 e	Esters monoacétyltartriques et diacétyltartriques d'acides gras	Émulsifiant	Réputé inoffensif.
E 472 f	Esters mixtes acétiques et acétiques des mono- et diglycérides d'acides gras	Émulsifiant	
E 473	Sucroesters d'acides gras	Émulsifiant	Réputé inoffensif, mais provoque à forte dose un effet laxatif.
E 474	Sucroglycérides	Émulsifiant	
E 475	Esters polyglycériques d'acides gras	Émulsifiant	
E 476	Polycinoléate de polyglycérol	Émulsifiant	Réputé inoffensif. Mais une certaine nocivité sur le foie et les reins a pu être démontrée en expérimentation animale.
E 477	Esters de propane-1-2-diol d'acides gras	Émulsifiant	Réputé inoffensif.

E 479 b	Huile de soja thermooxydée ayant réagi avec des mono- et diglycérides d'acides gras	Émulsifiant, antiagglomérant	Réputé inoffensif, mais peut provoquer des réactions allergiques dans de rares cas.
E 481	Stéaroyl-2-lactylate de sodium	Émulsifiant	Réputé inoffensif. Mais la dose considérée comme acceptable de 20 mg par kg de masse corporelle et par jour est facilement dépassée dans le cas des enfants.
E 482	Stéaroyl-2-lactylate de calcium	Émulsifiant	
E 483	Tartrate de stéaryle	Émulsifiant	
E 491	Monostéarate de sorbitane	Émulsifiant	
E 492	Tristéarate de sorbitane	Émulsifiant	
E 493	Monolaurate de sorbitane	Émulsifiant	
E 494	Monooléate de sorbitane	Émulsifiant	
E 495	Monopalmitate de sorbitane	Émulsifiant	
E 500	Carbonates de sodium : carbonate de sodium, carbonate acide de sodium, sesquicarbonate de sodium	Correcteur d'acidité, poudre à lever	Réputé inoffensif.
E 501	Carbonates de potassium : carbonate de potassium, carbonate acide de potassium	Correcteur d'acidité, poudre à lever	
E 503	Carbonates d'ammonium : carbonate d'ammonium, carbonate acide d'ammonium	Correcteur d'acidité, poudre à lever	Réputé inoffensif.
E 504	Carbonates de magnésium : carbonate de magnésium, hydroxyde de carbonate de magnésium, carbonate acide de magnésium	Correcteur d'acidité, poudre à lever	
E 507	Acide chlorhydrique	Correcteur d'acidité, exhausteur de goût	Réputé inoffensif aux teneurs courantes dans les produits alimentaires. Peut cependant avoir un effet corrosif à haute dose.
E 508	Chlorure de potassium	Correcteur d'acidité, exhausteur de goût	Réputé inoffensif aux teneurs courantes dans les produits alimentaires.

E 509	Chlorure de calcium	Correcteur d'acidité, exhausteur de goût	Réputé inoffensif aux teneurs courantes dans les produits alimentaires.
E 511	Chlorure de magnésium	Correcteur d'acidité, exhausteur de goût	
E 512	Chlorure d'étain	Antioxydant, stabilisant	Réputé inoffensif. Consommé en grandes quantités, peut provoquer des irritations stomacales.
E 513	Acide sulfurique	Acidifiant, correcteur d'acidité, Stabilisant	Réputé inoffensif aux teneurs courantes dans les produits alimentaires. Mais peut contenir de l'aluminium. Ce métal est supposé favoriser les démences de type Alzheimer et la maladie de Parkinson.
E 514	Sulfates de sodium : sulfate de sodium, sulfate acide de sodium	Acidifiant, correcteur d'acidité, Stabilisant	
E 515	Sulfates de potassium : sulfate de potassium, sulfate acide de potassium	Acidifiant, correcteur d'acidité, Stabilisant	
E 516	Sulfate de calcium	Acidifiant, correcteur d'acidité, Stabilisant	
E 517	Sulfate d'ammonium	Acidifiant, correcteur d'acidité, Stabilisant	
E 520	Sulfate d'aluminium	Acidifiant, correcteur d'acidité, Stabilisant	
E 521	Sulfate d'aluminium sodique	Acidifiant, correcteur d'acidité, Stabilisant	Réputé inoffensif aux teneurs courantes dans les produits alimentaires. Mais peut contenir de l'aluminium. Ce métal est supposé favoriser les démences de type Alzheimer et la maladie de Parkinson
E 522	Sulfate d'aluminium potassique	Acidifiant, correcteur d'acidité, Stabilisant	
E 523	Sulfate d'aluminium ammonique	Acidifiant, correcteur d'acidité, Stabilisant	

E 524	Hydroxyde de sodium	Correcteur d'acidité	
E 525	Hydroxyde de potassium	Correcteur d'acidité	
E 526	Hydroxyde de calcium	Correcteur d'acidité	Réputé inoffensif aux teneurs courantes dans les produits alimentaires.
E 527	Hydroxyde d'ammonium	Correcteur d'acidité	
E 528	Hydroxyde de magnésium	Correcteur d'acidité	
E 529	Oxyde de calcium	Correcteur d'acidité	Réputé inoffensif.
E 530	Oxyde de magnésium	Correcteur d'acidité	
	Ferrocyanure de sodium	Stabilisant, antiagglomérant	Réputé inoffensif aux teneurs courantes dans les produits alimentaires. À n'utiliser qu'en association avec le sel de cuisine et ses ersatz. La dose maximale à ne pas dépasser est fixée ici à 20 mg/kg. Très toxique en forte concentration.
E 536	Ferrocyanure de potassium	Stabilisant, antiagglomérant	
E 538	Ferrocyanure de calcium	Stabilisant, antiagglomérant	
E 541	Phosphate d'aluminium sodique acide	Poudre à lever	Réputé inoffensif. Mais peut contenir de l'aluminium. Ce métal est supposé favoriser les démences de type Alzheimer et la maladie de Parkinson.
E 551	Dioxyde de silicium	Antiagglomérant	
E 552	Silicate de calcium	Antiagglomérant	
E 553 a	Silicate de magnésium, trisilicate de magnésium	Antiagglomérant	Réputé inoffensif.
E 553 b	Talc	Antiagglomérant	
E 554	Silicate alumino-sodique	Antiagglomérant	
E 555	Silicate alumino-potassique	Antiagglomérant	Réputé inoffensif. Mais peut contenir de l'aluminium. Ce métal est supposé favoriser les démences de type Alzheimer et la maladie de Parkinson.
E 556	Silicate alumino-calcique	Antiagglomérant	
E 558	Bentonite	Antiagglomérant	Réputé inoffensif.
E 559	Silicate d'aluminium (kaolin)	Antiagglomérant	Réputé inoffensif. Mais peut contenir de l'aluminium. Ce métal est supposé favoriser les démences de type Alzheimer et la maladie de Parkinson.

E 570	Acides gras	Émulsifiant	Réputé inoffensif.
E 574	Acide gluconique	Correcteur d'acidité	
E 575	Glucono-delta-lactone	Correcteur d'acidité	
E 576	Gluconate de sodium	Correcteur d'acidité, stabilisant	
E 577	Gluconate de potassium	Correcteur d'acidité, stabilisant	
E 578	Gluconate de calcium	Correcteur d'acidité, stabilisant	
E 579	Gluconate ferreux	Correcteur d'acidité, stabilisant	Réputé inoffensif. Autorisé exclusivement pour noircir les olives vertes.
E 585	Lactate ferreux	Stabilisant	
E 620	Acide glutamique	Exhausteur de goût	Le glutamate est un produit très contesté. Il est officiellement considéré comme sans danger. Mais de nombreux membres du corps médical considèrent que le glutamate peut être à l'origine de malaises, de maux de tête et d'articulations, affecter l'appétit en provoquant la boulimie, et jouer un rôle dans le développement de maladies neurodégénératives telles que les maladies d'Alzheimer et de Parkinson, la maladie de Charcot (sclérose latérale amyotrophique) et la sclérose en plaques.
E 621	Glutamate monosodique	Exhausteur de goût	
E 622	Glutamate monopotassique	Exhausteur de goût	
E 623	Diglutamate de calcium	Exhausteur de goût	
E 624	Glutamate d'ammonium	Exhausteur de goût	
E 625	Diglutamate de magnésium	Exhausteur de goût	
E 626	Acide guanylique	Exhausteur de goût	Peut être absorbé en quantités importantes par les personnes atteintes de maladies du métabolisme dont les symptômes sont accentués, comme la goutte. À l'instar d'autres exhausteurs de goût, cet additif stimule l'appétit.
E 627	Guanylate disodique	Exhausteur de goût	
E 628	Guanylate dipotassique	Exhausteur de goût	
E 629	Guanylate de calcium	Exhausteur de goût	
E 630	Acide inosinique	Exhausteur de goût	
E 631	Inosinate disodique	Exhausteur de goût	
E 632	Inosinate dipotassique	Exhausteur de goût	
E 633	Inosinate de calcium	Exhausteur de goût	

E 634	5'-ribonucléotide de calcium	Exhausteur de goût	Peut être absorbé en quantités importantes par les personnes atteintes de maladies du métabolisme dont les symptômes sont accentués, comme la goutte. À l'instar d'autres exhausteurs de goût, cet additif stimule l'appétit.
E 635	5'-ribonucléotide disodique	Exhausteur de goût	
E 640	Glycine et son sel de sodium	Exhausteur de goût	Réputé inoffensif.
E 650	Acétate de zinc	Stabilisant	Réputé inoffensif. Ne peut être incorporé au chewing-gum qu'en Europe (à raison de 1 mg par kg au maximum).
E 900	Diméthylpolysiloxane	Antimoussant	Réputé inoffensif.
E 901	Cires d'abeille blanche et jaune	Agent d'enrobage, antiagglomérant	Réputé inoffensif.
E 902	Cire de candelilla	Agent d'enrobage, antiagglomérant	Réputé inoffensif.
E 903	Cire de carnauba	Agent d'enrobage, antiagglomérant	Réputé inoffensif.
E 904	Shellac	Agent d'enrobage, antiagglomérant	Réputé inoffensif.
E 905	Cire microcristalline	Agent d'enrobage, antiagglomérant	Réputé inoffensif. S'obtient à partir des résidus de distillation de pétrole, ou à partir de tourbe, de schistes, de lignites ou de bitumes.
E 907	Poly-1-décène hydrogéné	Agent d'enrobage, antiagglomérant	Réputé inoffensif.
E 912	Esters de l'acide montanique	Agent d'enrobage, antiagglomérant	
E 914	Cire de polyéthylène oxydée	Agent d'enrobage, antiagglomérant	
E 920	L-cystéine	Levure chimique	
E 927 b	Carbamide	Stabilisant	

E 938	Argon	Gaz propulseur et d'emballage	Réputé inoffensif.
E 939	Hélium	Gaz propulseur et d'emballage	
E 941	Azote	Gaz propulseur et d'emballage	
E 942	Protoxyde d'azote	Gaz propulseur et d'emballage	
E 943 a	Butane	Gaz propulseur et d'emballage	
E 943 b	Isobutane	Gaz propulseur et d'emballage	
E 944	Propane	Gaz propulseur et d'emballage	
E 948	Oxygène	Gaz propulseur et d'emballage	
E 949	Hydrogène	Gaz propulseur et d'emballage	
E 950	Acésulfame K	Édulcorant, exhausteur de goût	
E 951	Aspartame	Édulcorant, exhausteur de goût	L'aspartame est un produit très contesté. Il est officiellement considéré comme sans danger. Mais de nombreux membres du corps médical considèrent que l'aspartame peut provoquer des malaises, des maux de tête et d'articulations, et une surcharge pondérale. On a recours à ce type d'édulcorant pour engraisser les animaux d'élevage. L'aspartame pourrait jouer un rôle dans le développement des cancers. C'est la conclusion à laquelle est parvenu l'Institut européen Ramazzini de Bologne (Italie).
E 952	Acide cyclamique et ses sels de sodium et calcium	Édulcorant	Interdit aux USA depuis 1969. Certaines expérimentations animales ont conduit à la conclusion que cet édulcorant pourrait être à l'origine de cancers. Mais ces études sont contestées, et leurs résultats n'ont pu être confirmés. La Commission européenne a néanmoins fixé une dose maximale journalière à un niveau particulièrement bas (7 mg/kg) et a interdit l'utilisation de cet adjuvant pour les bonbons et les chewing-gums.
E 953	Isomalt	Édulcorant	Réputé inoffensif. Consommé en grandes quantités, il peut néanmoins provoquer diarrhées, maux de ventre et ballonnements. Les produits alimentaires qui en contiennent plus de 10 % portent pour cette raison l'avertissement suivant : « Peut avoir un effet laxatif en cas de consommation excessive ».

E 954	Saccharine et ses sels de sodium, potassium et calcium	Édulcorant	Réputé sans aucun risque. Administré en grandes quantités à des rats, le produit a provoqué des cancers de la vessie. Mais les résultats de cette étude sont contestés et ne sont pas transférables sur les humains.
E 955	Sucralose	Edulcorant	Réputé sans aucun risque. Utilisé à htes doses en expérimentation animale, a provoqué chez des rats un grossissement du foie et des reins, des atteintes au système immunitaire, un rapetissement de la rate et du thymus. Mais les résultats de cette étude sont contestés et ne sont pas transférables sur les humains.
E 957	Thaumatine	Édulcorant, exhausteur de goût	Réputé inoffensif.
E 959	Néohespéridine DC	Édulcorant	Réputé inoffensif.
E 962	Sel d'aspartame acésulfame	Édulcorant	Combinaison des édulcorants E 950 et E 951. Se reporter attentivement au commentaire du E 951.
E 965	Maltitol, sirop de maltitol	Édulcorant	Réputé inoffensif. Consommé en grandes quantités, il peut néanmoins provoquer diarrhées, maux de ventre et ballonnements. Les produits alimentaires qui en contiennent plus de 10 % portent pour cette raison l'avertissement suivant : « Peut avoir un effet laxatif en cas de consommation excessive ».
E 966	Lactitol	Édulcorant	
E 967	Xylitol	Édulcorant	
E 999	Extrait de quillaia	Stabilisant	Réputé inoffensif.
E 1103	Invertase	Humectant	
E 1105	Lysozyme	Conservateur	
E 1200	Polydextrose	Agent de charge	
E 1201	Polyvinylpyrrolidone	Stabilisant	
E 1202	Polyvinylpolypyrrolidone	Stabilisant	
E 1404	Amidon oxydé	Amidon modifié, épaississant	
E 1410	Phosphate d'amidon	Amidon modifié, épaississant	
E 1412	Phosphate de diamidon	Amidon modifié, épaississant	

E 1413	Phosphate de diamidon phosphaté	Amidon modifié, épaississant	Réputé inoffensif.
E 1414	Phosphate de diamidon acétylé	Amidon modifié, épaississant	
E 1420	Amidon acétylé	Amidon modifié, épaississant	
E 1422	Adipate de diamidon acétylé	Amidon modifié, épaississant	
E 1440	Amidon hydroxypropylé	Amidon modifié, épaississant	
E 1442	Phosphate de diamidon hydroxypropylé	Amidon modifié, épaississant	
E 1450	Octényle succinate d'amidon sodique	Amidon modifié, épaississant	
E 1451	Amidon oxydé acétylé	Amidon modifié, épaississant	
E 1505	Citrate de triéthyle	Solvant de support	
E 1517	Diacétate de glycéryle	Solvant de support	
E 1518	Triacétate de glycéryle	Solvant de support	
E 1519	Alcool benzylique	Solvant de support	
E 1520	Propylène glycol	Solvant de support	

Sources

Pour classifier des substances du lexique moléculaire, je me suis servi des bases de données et des ouvrages suivants :

DENIL, Maria, et LANNOYE, Paul, *Guide des additifs alimentaires : les précautions à prendre*, Paris, Editions Frison-Roche, 2004.

GOUGET, Corinne, *Additifs alimentaires, danger: le guide indispensable pour ne plus vous empoisonner*, Paris, Chariot d'Or, 2008.

GRIMM, Hans Ulrich, et UBBENHORST, Bernhard, *Echt künstlich: Das Dr. Watson Handbuch der Lebensmittel-Zusatzstoffe*, Stuttgart, Dr. Watson Books, 2006.

POLLMER, Udo, HOICKE, Cornelia, et GRIMM, Hans-Ulrich, *Vorsicht Geschmack: Was ist drin in Lebensmitteln? Mit einem Lexikon der Zusatzstoffe*, Reinbek, Rowohlt, 2000.

SCHOBERT, Astrid, Zusatzstoff-Ampel: E-Nummern, *Farbstoffe & Co. Schädlich oder unbedenklich: was das Etikett verrät*, Munich, Knaur, 2007.

STATHAM, Bill, *What's In Your Food? The Truth about Additives from Aspartame to Xanthan Gum*, Philadelphia, Running Press, 2007.

WINTER, Ruth, *A Consumer's Dictionary of Food Additives: Description in Plain English of More Than 12,000 Ingredients Both Harmful and Desirable Found in Foods (Consumer's Dictionary of Food Additives)*, New York, Three Rivers Press, 2004.

www.food-detektiv.de (l'excellent site de Hans-Ulrich Grimm)

www.zusatzstoffe-online.de :

Table des matières

Préface du Dr Michel Chast 5
Préface de Rocco Iannone 7
Avant-propos 11

Chapitre I : « Un supplément d'additifs,s'il vous plaît » 19
Chapitre II : La cuisine moléculaire est née… 28
Chapitre III : El Bulli se fait un nom 34
Chapitre IV : Le projet INICON 38
Chapitre V : L'inquiétant monsieur This 53
Chapitre VI : La pharmacie du chef de Soylent 65
Chapitre VII : Légalité ? Égalité ? 85
Chapitre VIII : Et la santé dans tout ça ? 87
Chapitre IX : La question des carraghénanes 93
Chapitre X : L'expérience fast-food 104
Chapitre XI : Le mythe du « cuisinier inventeur » 109
Chapitre XII : Ferran Adrià, un phénomène médiatique 118
Chapitre XIII : « Thon, étain
et chocolat industriel » : tout, sauf la vérité 140
Chapitre XIV : De la nouvelle cuisine 163
Chapitre XV : Ils veulent
le meilleur de nous-mêmes : nos sous ! 168
Chapitre XVI : « Garçon, la même chose ! » 178
Épilogue 185

Annexe 1 : Lexique moléculaire 188
Annexe 2 : Liste des additifs 198
Sources 221